开明新编国文读本

【甲种本·下】

叶圣陶 郭绍虞 周予同 覃必陶 编

武汉出版社
WUHAN PUBLISHING HOUSE

（鄂）新登字08号

图书在版编目(CIP)数据

开明新编国文读本甲种本. 下 / 叶圣陶等编. —武汉：
武汉出版社，2011.9（2018.11重印）
ISBN 978-7-5430-5867-5

Ⅰ.①开… Ⅱ.①叶… Ⅲ.①中学语文课—教材
Ⅳ.①G634.301

中国版本图书馆CIP数据核字（2011）第092865号

开明新编国文读本甲种本. 下

编　　者：叶圣陶　等
本书策划：李异鸣
特约编辑：杨　肖
责任编辑：王冠含
封面设计：象上品牌设计
出　　版：武汉出版社
社　　址：武汉市江岸区兴业路136号　　邮　编：430014
电　　话：(027)85606403　85600625
http://www.whcbs.com　E-mail:zbs@whcbs.com
印　　刷：天津文林印务有限公司　　经　销：新华书店
开　　本：787mm × 1092mm　　1/16
印　　张：15.25　　字　数：192千字
版　　次：2011年9月第1版　2018年11月第2次印刷
定　　价：49.80元

目录

甲种本（下）（第一册）

目录

目录

目录

甲种本

[下]

第一册

“努力事春耕”/《开明少年》

新年里与诸位相见，给诸位送一张贺年片，印在本期的开头。那是胡一川先生的一幅彩色木刻，本来收在《抗战八年木刻选集》里面。我们把它重新铸版，缩小了尺寸。在画幅之下，我们又题了四句诗。

现在谈谈那四句诗。

“大地藏无尽”，就是说我们居住在大地之上，这大地储蓄着无穷无尽的物质。通常把物质分做三大类，动物，植物，矿物。年年岁岁有新生的鸟兽虫鱼，飞的，走的，跳的，游的，参加到大地的舞台上来，演出生动活泼的戏剧。年年岁岁有新的苗发出来，新的叶长出来，新的花开出来，新的果结出来，把大地的舞台点缀得这么丰富，这么美丽。再说矿物。金呀，银呀，铜呀，铁呀，锡呀，以及煤呀，石油呀，在古代已经采来使用，到现代使用得更多更勤。可是从古到今掘地开矿，还只像在苹果上刮了一层表皮，没有开采的比较已经开采的多到多少倍，谁也说不上来。只要像以上说的那样简单的一想，就觉得大地真像个传说里的“聚宝盆”，盆里的东西是取之不尽，用之不竭的。岂但物质而已，还有种种的能力。水有水力，风有风力，发了电有电力，破坏了原子核有原子能。这些能力都由物质而来，物质无穷无尽，能力也无穷无尽。

“勤劳资有生”，就是说我们人类凭劳动来供养自己。“有生”本来包括一切有生命的东西，这里缩小范围，用来指我们人类。试想一想，我们人类如果像猴子一样，饿的时候采几个果子来吃，渴的时候跑到溪边去喝几口水，那生活多么可怜！我们人类可并不如此，原因在于我们能劳动。我们手脑并用，造成种种劳动的工具，练成种种劳动的技术，这就脱离了动物的生活，创造了人的生活。人的生活是不但活命，而且要活得好，不但物质方面好，精神方面也要好。如果一只麻雀一只黄猫懂得我们的话，我们与它们谈起来，它们一定会羡慕我们的生活，说物质方面精神方面都比它们胜过万倍。要知道这不是平空得来的，是我们千万代的祖先继续劳动的结果啊！一切享用是劳动的结果，一切发明是劳动的结果，一切著作是劳动的结果。我们的祖先既然劳动下来，传到我们，我们自得继续劳动，把人的生活变得更丰富，更美好。就每一个人说，劳动供养自己，同时供养他人，供养这一辈子的人，同时遗留给下一辈子的人。劳动的技术尽可以改良，劳动的辛苦尽可以减少，劳动的不公平尽可以排除，可是决不能停手息脑不劳动。一朝人类劳动完全停止了，世界将成什么样子，我们能够想象吗？

“念哉斯意厚”，就是说，想想呀，这两层意思很深厚。哪两层意思？“大地藏无尽”一层，“勤劳资有生”又是一层。怎么说深厚？因为其中大有可想。前面说的一些就是分别想起的，现在再把两层意思联在一块儿想。我们居住在这么丰富的大地之上，我们的凭藉太好了。我们能够继续不断的劳动，我们的努力足以自慰了。单有丰富的大地，没有我们的劳动，我们的生活就同鸟兽虫鱼一样，至多像猴子。猴子也居住在这丰富的大地之上，可是它们除了吃几个果子喝几口水以外，得到了什么好处？单有我们的劳动，没有丰富的大地，也不成。常言说，巧媳妇做不来没米的饭。必须有物质，劳动才可以显出能处，得到收获。必须有物质，劳动才可以利用工具，发明技术。且不说大地空无所有(这是不能想象的)。单说大地储蓄的物质假如没有这么丰富，人类的生活与人类的文明就必然差远了。我们幸而有这么丰富的凭藉，又幸而能继续不断的努力，这才使生活一步一步的改进，文明一步一步的发展，到了现在的地步。照现在的情形看，说我们人类是大地的主人，大地是为我们人类准备的舞台，该不是夸大的话了吧。可是现在的情形还没有到极限，也许永远也不会有什么极限。那么，将来的进步将到什么地步，岂不是很难预言，只有到得那时才会知道吗？想到这儿，就觉得意思更深厚了。我们既然有了这样的幸运，万万不可辜负，必须加紧努力才行。

“努力事春耕”，这一句是不须解释的，看字面就明白。春耕是一年农事的开头，什么事情都一样，开头的功夫用得越深，到后来的成果越广多。想到了前面说的那些深厚的意思，“努力事春耕”是不须勉强的了，是自发的自动的了。望着这丰富的大地，不肯不努力。想着这劳动的可贵，不肯不努力。努力啊!努力啊！深深的耕下去，将会有无穷无尽的收获到手。这“春耕”又岂只指耕田一件事情呢？我们学习什么，研究什么，经营什么，如果比做农事，同样是“春耕”啊!

四句诗谈完了，我们愿以十二分的诚意，祝颂大家“努力事春耕”！

(一)诗歌往往用简练的语言，表出繁复的意思。读诗歌的时候，尤其需要多多思索，多多体会，不能单看字面。像这篇文字，是就二十个字的一首诗歌思索体会的结果。可是还不止于此，读者凭自己的知识和经验来思索体会，可以领受得更多。

(二)倒数第二节的末了两句有什么作用？

一件小事

/鲁 迅

我从乡下跑到京城里，一转眼已经六年了。其间耳闻目睹的所谓国家大事，算起来也很不少；但在我心里都不留什么痕迹，倘要我寻出这些事的影响来说，便只是增长了我的坏脾气——老实说，便是教我一天比一天的看不起人。

但有一件小事，却于我有意义，将我从坏脾气里拖开，使我至今忘记不得。

这是民国六年的冬天，大北风刮得正猛，我因为生计关系，不得不一早在路上走。一路几乎遇不见人，好容易才雇定了一辆人力车，教他拉到S门去。不一会，北风小了，路上浮尘早已刮净，剩下一条洁白的大道来，车夫也跑得更快。刚近S门，忽而车把上带着一个人，慢慢的倒了。

跌倒的是个女人，花白头发，衣服都很破烂。她从马路边上突然向车前横截过来；车夫已经让开道，但她的破棉背心没有上扣，微风吹着，向外展开，以致兜着车把。幸而车夫早已准备停步，否则她定要栽个大跟斗，跌得头破血出了。

她伏在地上；车夫便也立住脚。我料定这老女人并没有伤，又没有别人看见，便很怪他多事，要自己惹出是非，也误了我的路。

我便对他说："没有什么的。走你的罢。"

车夫毫不理会——或者并没有听到——却放下车子，扶那老女人慢慢起来，挽着臂膊立定，问她说：

“你怎样啦？”

“我摔坏了。”

我想，我眼见你慢慢倒地，怎么会摔坏呢，装腔作势罢了，这真可憎恶。车夫多事，也正是自讨苦吃，现在你自己想法去。

车夫听了那老女人的话，却毫不踌躇，仍然挽着她的臂膊，便一步一步的向前走。我有些诧异，忙看前面，是一所巡警分驻所，大风之后，外面也不见人。这车夫扶着那老女人，便正是向那大门走去。

我这时突然感到一种异样的感觉，觉得他满身灰尘的后影霎时高大了，而且愈走愈大，须仰视才见。而且他对于我，渐渐的又几乎变成一种威压，甚而至于要榨出皮袍下面藏着的“小”来。

我的活力这时大约有些凝滞了，坐着没有动，也没有想，直到看见分驻所里走出一个巡警，才下了车。

巡警走近我说：“你自己雇车罢，他不能拉你了。”

我没有思索的从外套袋里抓出一大把铜元，交给巡警，说：“请你给他……”

风全住了，路上还很静。我走着，一面想，几乎不敢想到我自己。以前的事姑且搁起，这一大把铜元又是什么意思？奖他吗？我还能裁判车夫吗？我不能回答自己。

这事到了现在，还是时时记起。我因此也时时熬了苦痛，努力的要想到我自己。几年来的文治武力，在我早如幼年时候所读过的“子曰诗云”一般，背不上半句了。独有这一件小事，却总是浮在我眼前，有时反更分明，教我惭愧，催我自新，并且增长我的勇气和希望。

(一)为什么作者觉得车夫对他的威压，“甚而至于要榨出皮袍下面藏着的‘小’来”？

(二)“我还能裁判车夫吗？”意思就是我未必配裁判车夫。为什么作者自己觉得未必配裁判车夫？

怀念振黄/子 冈

在马路上听到振黄从汽车上跌死的消息，我相信这个消息。在战事失利的情况中，人命不是时常被当作儿戏吗？在难民收容所里听到的悲惨故事太多了，振黄不幸也是其中的一个。

死者与我虽不是时常相聚的朋友——抗战以来他一直守着“部队中的画家”的岗位，在汉口见过一面，便匆匆分了手——却是我在学校门外认识的朋友中很早的一个。那时候我们都在“中学生时代”。彼此都是中学生，而且由《中学生》介绍，互相认识了，团聚了。在每一期《中学生》上，我们在文章图画中找到一些旧名字，发现一些新名字。尽管不认得人面，但凭想象，也可以知道对方是个与自己相仿佛的喜蹦爱跳的中学生。而且在不可捉摸之中，还可以猜出对方也是个喜欢偷看课外书，受训育主任的呵斥，脑筋里时常在转一些怪念头的孩子。因为在那个时代，尤其在女学校里，好学生只顾应付课本，对校外事是没有兴趣，也不容有兴趣的。

那时候振黄时常参加《中学生》的绘画竞赛，照例名列前茅，作品制成铜版，刊在首页。我在校中绘画成绩不佳，但对于《中学生》上刊出的画特别有好感。而且对于沈振黄、莫芷痕等人的名字，也像“征文竞赛”里的一堆名字那样稔熟。

那时候开明书店给我们的鼓励是书券，五元或十元，每个月凭了自己的劳力得到几本新书，在同学中，在家庭里，真是无比的骄傲。知识领域的开拓，人间友谊的建立，更是书券以外的收获。在每个未成熟的小心坎里，为此欢喜，为此兴奋，从此找到了心思上的寄托。

《中学生》曾举办个什么读书会，我记不清了。由于会员名单的介绍，真的有很多人成了朋友。我们这个小圈子就有二十人以上，后来或升大学，或就职业，先通信而后会面，就像同在地下埋着的种子，起初彼此不相会面，一旦苗芽儿钻出土来，才讶然指手画脚地说：

“这就是你呀！”

彼此会了面，似乎谁也不曾对谁失望。在二十岁以下的人，心地是那么真纯，受了相似读物的熏陶，尚少涉猎世事，所爱所恶总不会相去太远。即使是新朋友会面，只要说起来也是当年《中学生》的好朋友，便彼此有了坚实的信托。

振黄从学校里出来不久，便进了开明书店。在上海我和潜英去找他，第一次见面，我想用“笑嘻嘻”三个字形容他的面貌，因为他无时不是笑嘻嘻的。我们还在麦加里一起照过相，一起去拜访过开明书店的金仲华、夏丏尊、叶圣陶诸先生，我们对于他们几位先生的尊敬，超过了对于学校老师的。后来振黄在金先生那里帮忙绘图，我在妇女生活社打杂，潜英在生活书店任编校，我们见面的机会比较多了，假日曾在一起吃饭逛马路，上天下地胡扯。三个人都不是老上海，对于上海的奥妙知道得不多，记得潜英和我想到大世界去玩个够，找点报告文学的资料，请振黄保镖，因为我们害怕大世界的流氓白相人，振黄答应了，但是没有去成，我们三个到底都有戒惧之心。现在想来，真是胆小如鼠了。

忽然振黄回家去结了婚。在我们同辈中，他似乎是结婚最早的一个。婚后他和曼其一同住在环龙路，居然有了个独立的家。我们那时想：好伟大呀!有时到他家去玩。记得他结婚我们连礼也没有送一份，那套世俗的玩意儿还没有钻进我们的生活范围。结婚，结你的吧，不同你多画一张画一样吗?

上海教育了我们，在“一二九”以后的救亡高潮里，我们几个人也曾当一名小卒，虽说天真犹在，但不知不觉间人世渐深了。我们一起玩，在集会里玩，在行列中玩，有时也感到像浮萍似地没有根，只是乱搅一阵，然而无忧无虑。对于参加救亡工作，犹之要交考卷一样责无旁贷，对于世事之爱憎，却因知道得不够深广，不怎么强烈。

“七七”以后到了汉口，振黄忽然也来了，还领了他的妹妹来。他真有愿把所有公之大家的诚意，甚至他的家属照片也要送几张给朋友。他笑嘻嘻地穿上军服，笑嘻嘻地走上前线，作壁报，到乡间宣传，致力军民合作，一直笑嘻嘻地在一个岗位上守了几年，真是无比的毅力。他不是为了尝新鲜，不是为了开玩笑，他只顾笑嘻嘻地严肃地工作着。偶然来信，笔画依然粗得像作素描。记得他还曾诚意地约朋友们去前方工作。我不知道他是不是在鄙夷我们留在后方的几个朋友。

是前年吧，他忽然来了一封很厚的信。打开一看，原来是附了几张画，有一张是他大女儿坐在门前的速写。他在信里慨叹人已老大，说他为了家室妻儿，弄得生活很狼狈。“不知不觉已是两个孩子的爸爸了！”并且说他的女儿三四岁便喜欢作画，他想知道我的孩子是什么样子。

时光像飞箭一样，是十年的友谊了，还不计算那惴惴地投稿作画的时代。我觉得光荣，振黄作了一名忠实的文化军人。他没有吃空额，他没有作走私生意，而且能够始终如一地守在前方，作政治工作。他一定吃尽辛苦，磨练成很好的耐性了；因为做政治工作的照例是呼之即来，挥之即去的。他信中提起过民众的可爱，他愿意用他的画笔，为他们素朴的心灵饰色，为他们干枯的生活浇水。

“振黄从汽车上摔下来跌死了!”我在七星冈听了孙源先生的报告，顿时感到跌死的不止是振黄，而且是那留在记忆里的少年时代。我们中学生时代可贵的集团，可贵的友谊，从此就残破不全了。

我搜寻振黄死去的原因。就在振黄死去前几天的一个集会上，我亲自听到陈诚部长说：“说也笑话，柳桂战事一直到独山才有了一次比较正式的战斗。”那么在独山以前我们的部队干什么去了呢？敌人的实力据说才一个联队。

振黄，我不说了，你比我更明白，因为你至死仍在部队里当一个没有武器的文化兵。笔可以根绝侵略者的思想，却挡不住面前的侵略者——除非与抵抗侵略的部队配合起来。

昨天看到去年十一月份美国的《生活杂志》，其中刊载着湘桂流民的照片，注解的第一句话是“同盟国人民仍在胜利的敌人前逃亡的，只有中国人。”

多么深刻!多么可耻!

我们万万千千流亡的人民看了有什么感想呢？这是我们每个人的责任，却又不是我们每个人的责任，没有容许我们每个人尽责啊!

振黄，你要叫屈吗？死难的同胞是会叫屈的。我们不能够作自己命运的主，好像我们生来就必需与百般厄运斗争，我们是一群无人照顾的羔羊。

难怪美国杂志要标出只有我们仍在逃亡了。有哪一个国家的人民可怜到军民消息绝端隔膜，人民的逃亡赶不上军队的后撤？有哪一个国家的人民疏散是必须坐在汽车上的——而且有许多人连汽车顶也坐不到？

我想起一支旧歌曲里的两句话：“谁使我们流浪？谁使我们逃亡？”想不到今天仍能适用。可是，今天我们非深思一下不可了。如果自己不杀菌，不清除，不调养，也就不必怪创口越来越大，成为细菌的培养所了。

(一)这一篇历叙少年时代、青年时代的友谊，联带表出当时彼此的兴趣与心情。

(二)把相知而没有相见的朋友比作“同在地下埋着的种子”，待“苗芽儿钻出土来，才讶然指手画脚地说：“这就是你呀!”这个比喻很妙，可以仔细体会。

《北望集》序 /朱自清

离开北平上六年了，朋友们谈天老爱说到北平这个那个的，可是自个儿总不得闲好好的想北平一回。今天下午读了马先生这本诗集，不由得悠然想起来了。这一下午自己几乎忘了是在什么地方，跟着马先生的诗，朦朦胧胧的好像已经在北平的这儿那儿，过着前些年的日子。那些红墙黄瓦的宫苑带着人到画里去，梦里去。那儿黯淡，幽寂；可是自己融化在那黯淡和幽寂里，仿佛无边无际的大。北平也真大：

长城是衣领，围护在苍白的颊边，
永定河是一条绣花带子，在她腰际蜿蜒。
（《行军吟》之五）

城圈儿大，可是城圈儿外更大：那圆明园，那颐和园，可不都在城圈儿外？东西长安街够大的，可是那些小胡同也够大的：

巷内
有卖硬面饽饽的，
跟随着一曲胡琴，
踱过熟习的深巷。
（《秋兴》之八）

久住北平的人便知道这是另一个天地，自己也会融化在里头的。——北平的大尤其在天高气爽的秋季和人迹稀少的深夜；这巷内其实是无边无际的静。马先生和我都曾是清华园的住客，他也带着我到了那儿：

路旁的草长得高与人齐，
遮没年年开了又谢的百合花。
屋子里生长着灰绿色的霉，有谁坐在
圈椅里度曲，看檐外的疏雨湿丁香。
（《秋兴》之四）

这一下午我算是在北平过的；其实是在马先生的诗里过的。

从前也读过马先生一些诗。他能够在日常的小事物上分出层层的光影。头发一般细的心思和暗泉一般涩的节奏带着人穿透事物的外层到深层去；那儿所见所闻都是新鲜而不平常的。他有兴趣向平常的事物里发见那不平常的。这不是颓废，也不是厌倦，说是寂寞倒有点儿，可是这是一个现代人对于寂寞的吟味。他似乎最赏爱秋天、雨天、黄昏与夜。从平淡和幽静里发见甜与香。那带点儿文言调子的诗行多少引着人离开现实；可是那些诗行还能有足够的弹性钻进现实的里层去。不过这究竟只在人生的一角上，而且我们只看见马先生一个人，诗里倒并不缺乏温暖，不过他到底太寂寞了。

这本集子便不同了。抗战是我们的生死的关头，一个敏感的诗人怎么会不焦虑着呢？这本诗其实大部分是抗战的纪录。马先生写着沦陷后的北平；出现在他诗里的有游击队，敌兵，苦难的民众，醉生梦死的汉奸。他写着我们的大后方；出现在他诗里的有英勇的战士，英勇的工人，英勇的民众。而沦陷后的北平是他亲见亲闻的。他更给我们许多生动的细节；《走》那篇长诗里安排的这种细节最多。他这样想网罗全中国和全中国的人到他的诗里去。但他不是个大声疾呼的人，他只能平淡的写出他所见所闻所想的。平淡里有着我们所共有而分担着的苦痛和希望。平淡的语言却不至于将我们压住，让我们有机会想起整套的背景，不死盯在一点一线一面上。北平在他的笔下只是抗战的一张幕，可是这张幕上有些处细描细画；这就钩起了我那一番追忆。可是我还是跟着他的诗回到抗战的大后方来了。大声疾呼我们现在似乎并不缺少，缺少的正是平淡的歌咏；因为我们已经到了该多想想的时候了。马先生现在也该不再那么寂寞了罢？

(一)这篇序文第一节说读了《北望集》，勾起了对于北平的追忆。第二节说《北望集》作者以前的诗。第三节说《北望集》中的诗。第一节是读过以后直觉的印象，来得快，第二、三两节是思考的结果，来得迟。通篇排列顺着心理的自然顺序。

(二)像这样的序文，说一点读过之后的感想，带一点批评，对于一般读者当然有帮助。可是善于读书的读者还得凭自己的眼光，判定序文说得对不对。如果一味信从序文的话，那就是不善于读书了。

国际知识不足专门学问/金仲华

许多人常把国际知识看做一种专门学问，所谓国际问题，似乎非专家不能谈。这是一种迷信，也可以说是一种误解，我以为我们必须打破这样的观念。

近几年来，由于世界战争的扩大，国内一般人对于国际情势的注意，可说已超过了以往的时期。中国抗战和世界战争完全打成了一片，中国已被尊为国际舞台上“四强”之中的一个；在这期间，对于国际情势的了解，应该看做我们的一种基本的权利，就每一个国民而言，所谓国际知识，应该看做一种必备的常识。但在事实上，这样的正常观念，还没有在我们中间确立起来。

最显著的例证是，这几年间，虽然国际局势的发展趋向已经非常明朗，但就一般人对于国际情势的了解而言，常常让主观的愿望代替了客观的认识，让一些武断的惊人的怪论蒙蔽了冷静的理智的考察。许多人喜欢听似是而非的预言，听过之后，并不注意它究竟实现了没有。一般人对于时事，只在有了重大发展时，才抓起报纸来看，过了一时，也就把它淡忘了。就国际时事的研究刊物而言，一些学院式的文字只是写给自己看的，读者至多不过几千，它和广大群众对于时事知识的需要，显然是不相干的。这和英、美、苏联等国战时刊物的广遍流行比较起来，恰成一个相反的对照，使我们想起了感觉非常惭愧。

过去曾有许多怪论，例如预言什么时候苏联跟纳粹德国会议和，双方联合起来瓜分欧非两洲；预言英、美、苏联必然会翻脸；预言苏联将来在远东，会出来调停美日的战争。像这样的怪论很能引动一般人，甚至会贻误我们的外交政策。

为什么这类离奇的怪论会流传开来？就因为许多人把国际问题看做纯粹是专家的问题，由外交家包办的问题，是超出一般人的常识以外的。其中还含有一种半殖民地的卑劣心理，自己站在弱国的地位看强国，以为强国总是捭阖纵横，反覆无常的，弱国只有见风转舵，任人摆布的份儿。正由于这样的观念，我们在这个惊天动地的世界大战中间，只知道等待变局的发生，等待胜利的到临，而不知道怎样把握时机，争取主动。

这样的情形，现在是急须改变了。中国已经被抬到四强之一的地位，担任战时和战后世界的一个重要角色。在欧洲大陆和太平洋上曾经表演过的惊天动地的大战，显然还要在中国大陆上表演一次。我们再不能把自己封锁起来，让一些所谓专家、学者、外交家把国际问题作为他们的专有品，而认为“蚩蚩者氓”只能等待结果，不配追问究竟。这样的情形决不能让它继续下去，我们要在国际舞台上扮演一个重要的角色，就必须使一般国民熟悉国际的情势。

这一次世界战争的影响，真是空前的巨大。它打开了许多国家的大门，它缩短了各个大洲与海洋之间的距离，它使许多民族之间的关系更趋于接近，它把过去为少数人所专有的国际问题的知识化而为大众的知识。我们必须把握住这个新的变化，破除过去的锢蔽狭隘的观念。我们应该从报纸上，刊物中，以及集体的讨论中间，丰富我们的国际知识。我们要获得一个开明的世界观，然后能做一个健全的世界人。

(一)就本篇看，怎样才是取得国际知识的正常途径？

(二)为什么一般国民都需有国际知识？

以画为喻

/叶圣陶

咱们画图，有时候为的实用。编撰关于动物植物的书籍，要让读者明白动物植物外面的形态跟内部的构造，就得画种种动物植物的图。修建一所房屋或者布置一个花园，要让住在别地的朋友知道房屋花园是怎么个光景——就得画关于这所房屋这个花园的图。这类的图，绘画的动机都在实用。读者看了，明白了，住在别地的朋友看了，知道了，就完成了它的功能。

这类图决不能随便乱画。首先须把画的东西看得明白，认得确切。譬如画猫罢，它的耳朵怎么样，它的眼睛怎么样，你如果没有看得明白，认得确切，怎么能下手？随便画上猪的耳朵，马的眼睛，那是个怪东西，决不是猫；人家看了那怪东西的图，决不能明白猫是怎样的动物。所以，要画猫先得认清猫。其次，还得练成熟习的手腕，心里想画猫，手上就得画成一只猫。像猫这种动物，咱们中间谁还没有认清，可是咱们不能个个人都画得成一只猫，画不成的原因，就在乎熟习的手腕没有练成。明知道猫的耳朵是怎样的，眼睛是怎样的，可是手不应心，画出来的跟知道的不相一致，这就成猪的耳朵马的眼睛，或者什么也不像了。所以，要画猫又得练成从心所欲的手段。

咱们画图，有时候并不为实用，看见一个乡下老头儿，觉得他的躯干，他的面部的器官，他的蓬松的头发跟胡子，线条都非常之美，配合起来是一个美的和谐，咱们要把那美的和谐表现出来，就动手画那个老头儿的像。走到一处地方，看见三棵老柏树，那高高向上的气派，那倔强矫健的姿态，那苍然蔼然的颜色，都仿佛是超然不群的人格的象征；咱们要把这一点感兴表现出来，就动手画那三棵老柏树的图。这类的图，绘画的动机不为实用，可以说无所为。但也可以说有所为，为的是表出咱们所见到的一点东西，从乡下老头儿三棵老柏树所见到的一点东西——就是“美的和谐”跟“仿佛是超然不群的人格的象征”。

这类的图也不能随便乱画。第一，见到须是真切的见到。人家说那个乡下老头儿很美，你自己不加辨认，也就跟着说那个乡下老头儿很美，这就不是真切的见到。人家都画柏树，以为柏树的挺拔之概值得画，你就跟着画柏树，以为柏树的挺拔之概值得画，这就不是真切的见到。见到不真切，实际就是无所见，无所见可是也要画，结果只画了个乡下老头儿，画不出那“美的和谐”来；只画了三棵老柏树，画不出那“仿佛是超然不群的人格的象征”来。必须要把整个的心跟事物相对，又把整个的心深入事物之中，不仅认识它的表面，并且透达它的精蕴，才能够真切的见到些什么。有了这种真切的见到，咱们的图才有了根本，才真个值得动起手来。第二，咱们的图既以咱们所见到的一点东西为根本，就跟前一类的图有了不同之处；前一类的图只须见什么画什么，画得准确就算尽了能事；这一类的图为要表出咱们所见到的一点东西，就得以此为中心，对材料加一番选择取舍的工夫；这种工夫如果做得不到家，那么，虽然确有见到，也还不成一幅好图。那老头儿的一把胡子，工细的画来，不如粗粗的几笔来得好；那三棵老柏树交结着的桠枝，照样的画来，不如删去了来得好：这样的考虑就是所谓选择取舍的工夫。做这种工夫有个标准，就是咱们所见到的一点东西。跟这一点东西没有关系的，完全不要；足以表出这一点东西的，不容放弃；有时为了要增加表出的效果，还得以意创造。而这种工夫的到家不到家，关系于所见的真切不真切；所以愈真切，选择取舍愈有把握，有时几乎可以到无所容心的境界。第三，跟前边说的一样，得练成熟习的手腕。所见在心，表出在手腕，手腕不熟习，根本就画不成图，更不用说好图。这个很明白，无须多说。

以上两类图，次序有先后，程度有浅深。如果画一件东西不会画得像，画得准确，怎么能在一幅画中表出咱们所见到的一点东西？必须能画前一类图，才可以画后一类图。这就是次序有先后。前一类图只凭外界的事物，认得清楚，手腕又熟，就成。后一类图也凭外界的事物，可是根本却是咱们内心之所见；凭这一点，它才成为艺术。这就是程度有浅深。这两类图咱们都要画，看动机如何而定。咱们要记载物象，就画前一类图；咱们要表出感兴，就画后一类图。

我的题目“以画为喻”，就是借图画的情形，来比喻文字。前一类图好比普通文字，后一类图好比文艺。普通文字跟文艺，咱们都要写，看动机如何而定。为应付实际需要，咱们得写普通文字；如果咱们有感兴，有真切的见到，就得写文艺。普通文字跟文艺次序有先后，程度有浅深。写不来普通文字的人决写不成文艺；文艺跟普通文字原来是同类的东西，不过多了一点咱们内心之所见。至于熟习的手腕，两方面同样重要；手腕不熟，普通文字跟文艺都写不好。手腕要怎样才算熟？要让手跟心相应，自由驱遣语言文字，想写个什么，笔下就写得出个什么，这才算是熟。我的话即此为止。

(一)两件事物有相同之点，才可以用这一件比喻那一件。图画与文字相同之点是什么？也有不相同点吗？

(二)就熟习的手腕说，图画与文字有什么不同吗？

牢狱生活

/克鲁泡特金 著 巴金 译

我的第一个动作是走近窗户。窗户非常高，我举起手来也难摸到。这是开在五英尺厚的墙壁上的长方形的横窗，有一层铁格子和两层窗格。从窗里看出去，十二码以外便是堡垒的极厚的外墙，顶上的灰色岗亭也看得见。只有向上面看，才可以看见一线蓝天。

我把监房仔细考察了一番。房里有一张铁床，一张橡木小桌，一个橡木凳子。地板上铺一层油漆过的毛毡。壁上糊着黄纸。为要使墙壁不能传声起见，黄纸并不糊在墙壁上，却贴在帆布上，帆布缝在铁丝格子上，后面又衬着厚毡，厚毡下面才是石壁。监房内侧的墙边有一个洗面台，还有一道橡木的后门。门上开一个小洞，以便递送饮食。另外有一条小缝，嵌着玻璃，外面钉着个盖子，由禁卒随时启闭。这是用来侦探囚人的行动的，所以囚人叫它做“犹大”，把它比做那个卖掉耶稣的门徒。禁卒时时揭开盖子向里面看——每一次他偷偷地走近门来，我先听见他的靴子的响声。我试和他谈话，于是缝里的一对眼睛现出了恐怖的表情，盖子马上关上了。过了几分钟，禁卒又把盖子偷偷地揭开了；然而我总不能从他那里得到一句答话。

四周是绝对的沉寂。我把凳子拖到窗下，站在上面，望着我所能看见的一线天，我竭力想听见尼瓦河的水流声，以及对岸城里的市声，然而不能够。这种沉寂很难堪，我就唱歌，起初声音很低，以后便渐渐地高起来。

我唱我心爱的格林加的歌剧《鲁斯南与路狄米蹦》中的一节，刚唱起“爱啊，难道我竟和你永别吗？……”

“先生，请不要唱。”一个低沉的声音从那递饮食的小洞里送进屋里来。

“我要唱。”

于是典狱跑来了，他也劝我不要唱，否则便要向堡垒司令官报告，他说了些这一类的话。

我竭力争辩道：“我既不说话，又不能唱歌，我的喉咙岂不将闭塞，我的肺管岂不将成为废物了吗？”

“最好还是低声对你自己唱罢。”那个老典狱恳求我道。

几天以后，我就失去了唱歌的欲望。

我对自己说：“现在最要紧的是保存我的体力。我不愿意害病，我假定自己在北极探险，不得不在北极的一间小屋里住上几年。我要做各种的运动，练体操，不使自己为环境所屈服。从房里的一角走到另一角，约有十步光景，如果往来一百五十次，我就走了一俄里了。”我决定每天走七俄里(约合五英里)，时间分配如下：早晨两里，午饭前两里，午饭后两里，睡前一里。如果我放十支纸烟在桌子上，每次走过桌前移动一支，那么往来三百次也是很容易计算的。我应该急走，可是在转身时须走得很慢，以免晕眩。过后我又每天用那笨重的木凳作器械体操两次。我一只手握着木凳的脚，把它高高地举起来。我把它挥舞着，在空中转圆圈。不久，又学会了把它掷过头顶，或者穿过胯下，由另一只手接住。

最可怕的是我周围的那种坟墓一般的沉寂。

我用手敲墙壁，用脚触地板，静听有无微弱的回声，然而完全无效，什么都听不见。一个月过去了，两个月，三个月……十五个月过去了，从来不曾得着一声回答。下级军官进我的监房带我出去散步的时候，我便问他："今天天气怎样？""落雨吗？"他偷偷地瞅了我一眼，不发一言，连忙退到门后，那里有一个禁卒和别一个下级军官在监视他。我只有从典狱那里听到几句短短的话语。每天早上，他照例到我的监房里来问"早安"，还问我要不要买烟草和纸张。我想和他谈话，可是他也偷偷地看着那几个站在半开的门内的下级军官，好像说："你看，我也是被人监视着的。"只有鸽子不怕与我亲近。每天早晨和下午，它们照例要飞到我的窗前，把嘴伸进铁格子来啄取食物。

除了禁卒的靴子擦地声，几乎听不见的"犹大"的盖子启闭声，以及堡垒礼拜堂的钟鸣声以外，再没有别的声音了。礼拜堂的钟每一刻便响着"上帝佑我"的调子，凡四次。每隔一小时，大钟慢腾腾地响起来，报告钟点。随后便是一首悲哀的祷歌，每遇温度骤变，便发出可怕的粗音，听起来和丧钟差不多。在凄凉的中夜里，祷歌之后还有一曲不谐和的调子"上帝保佑沙皇"，整整响到一刻钟之久。刚一完结，"上帝佑我"的调子便接上了。这无异乎通知不眠的囚人说，他的无聊岁月又少去一刻钟了，而且这种无聊生活的每一刻每一时每一日每一月都要这样地过去，除非狱吏释放了他，就只有死才能给他自由。

每天早晨我可以在监狱的天井里散步半小时。这是个五角形的小天井，外面围着一条狭小的石路，中间有一所浴室。我很爱这种散步。

在监狱里，对于新印象的欲望非常之大，所以我在小天井中散步时，常常望着堡垒礼拜堂的镀金的尖顶。在我的周围，只有这个尖顶是时常改换面目的。当太阳在无云的天空照耀时，它像纯金一般发出金光；当一层浅蓝色的薄雾笼罩全城时，它便带上神秘的色彩；当乌云遮遍天空时，它又转成钢灰色——这一切是我最喜欢看的。

对于不能够在灯烛辉煌的大街上行走的人，圣彼得堡的冬季是够凄凉的。对于堡垒里的囚人，当然尤其凄凉。然而潮湿比黑暗更坏。堡垒里异常潮湿，为要除去湿气，不得不生火。高度的热差不多把我闷坏了。当他们答应我的要求减低了监房里的热度的时候，墙壁立刻湿透了，好像有人在糊壁的纸上喷了水似的。结果我便得了风湿症。

(一)这篇是一种特殊生活的记录。绝对的沉寂，得不到一句回答，每天在小屋里走几里路，对于新印象抱着非常之大的欲望。这些在平常生活里，都是不常体验到的。

(二)看守牢狱的人互相监视，不能与囚人谈话，只有鸽子不怕与囚人亲近。读到这里，发生什么感想?

锦衣卫和廷杖 /吴 晗

在旧式的政体之下，皇帝只代表他个人，他的家族，以及在他外围的一个特殊阶级的利益。比较起被统治的万民来，他的地位不但孤立，而且永远接近危险。为了维持权威和利益，他不得不想尽镇压的法子。公开的军校和公开的律例刑章不够用，便利用特种组织，特种监狱和特种侦探，来监视来对付每一个可疑的人。他们用秘密的方法侦伺、搜查、逮捕、审询、处刑。在军队中，在学校中，在政府机关中，在民间，在集会场所、交通孔道、大街小巷，处处都有这班人活动。执行这些任务的特种组织，历代的名称不同，在明初的叫做锦衣卫。

锦衣卫是内廷亲军，是皇帝的私人卫队，不隶属都督府。其下有镇抚府，专治刑狱，可以直接取诏行事，不必经过外廷法司。锦衣卫的职务，主要的是“侦察不轨妖言”。不轨指政治上的反动或党派，妖言指宗教的集团。明太祖深知宗教集团中的一些传说，对于渴望改造生活的农民发生怎样的政治作用，他尤其了解聚众结社对于现实政权是怎样严重的威胁。他既已掌握政权，并且为这政权立下了基础，唯一的问题是怎样使子子孙孙毫不费事的继承这政权。他感到的不安有两方面。其一是并肩起事的诸将，个个都身经百战，猛悍非常。其二是出身豪室的文臣，他们有地方的势力，有政治的声望，又富有计谋。他自己在位，固然镇压得了，但也还不很稳当。身后的继承人呢，太子忠厚柔仁，只能守成，不能应变。到太子死后，他已是望七之年，太孙不但年幼，而且看来比太子更不中用。他要替儿孙斩除荆棘，使自己安心，便不惜用一切的残酷手段，大兴党案，杀戮功臣。又用整顿吏治，乱国用重刑等说法，把内外官吏和地主豪绅也着实淘汰了一下。他创立锦衣卫，授与极大的权，便是为此。经过几次的大屠杀以后，臣民侧足而立，他觉得自己的地位已经安定了，才把大小案件都归法司治理，解除了锦衣卫的特权。

和锦衣卫互相表里的一件恶政是廷杖。锦衣卫是明太祖的创作，廷杖却是抄袭元朝的。

在元以前，君臣之间的距离还不怎么远，三公坐而论道，是皇帝的师友。到了宋代，虽然臣僚在殿廷没有坐处，却也礼待大臣，绝没有非礼的行为。“士可杀不可辱”这一种传统观念，上下都能体会。蒙古人可不同了，他们根本不了解士的地位。他们起自马上，生活在马上，政府的臣僚也就是军队的将校，一有过错，拉下来打一顿，打完照旧办事。不论中央官，地方官，在平时或战时，挨打是家常便饭，甚至中书省的长官也有在殿廷被杖的。明太祖继元而起，虽然竭力摈弃胡俗胡化，却把杖责大臣的故事继承了下来，而且常常施用。士大夫不但可杀，而且可辱，君臣之间的距离愈来愈远，礼貌固然谈不到，连主奴的恩意也丝毫不存了。

这两件事，他的儿孙都承受了下来，认为“祖制”。而且变本加厉，锦衣卫之上又来一个东厂或西厂，或在东西厂之上又加一个内行厂。都由太监提督，连锦衣卫也在被侦察之列。这使一般士大夫吓得提心吊胆，晏起早睡，不敢偶语，骑校过门，如遇大盗。廷杖呢，去衣受笞，血肉横飞，皇帝用来箝制言官，太监用来处罚异己。一直到亡国，这个“祖制”才与国同亡。

(一)锦衣卫和廷杖的名称，普通的中学历史教本也许提起，可是决不能说得详细、透彻。然而我们对于史事，必须了解它前后的因果，彼此的关系，才算真知识。像这一篇，就是了解史事的一个例子。

(二)读过这一篇，可以把第一册里《人民的世纪》一篇翻出来参看。明朝不是“人民的世纪”，天下是属于皇帝的，所以会有这样狠毒残酷的事情。真正进了“人民的世纪”，就决不会有了。

塞外怀古 / 方回

没有到过河西的人总以为河西地方怎样的荒凉，怎样的寒苦。到了河西之后，便知道所谓荒凉寒苦并不如传闻之甚。自兰州往西，过乌梢岭，经峡口，看见两边的山色，便似乎比在兰州看见的北塔山来得顺眼一点。山上好像有点草了，偶尔也有乌油油的一小片树林。到古浪以后，再往西至武威张掖，流水争道，林木茂密，阡陌纵横，村邑相望，这哪里是西北，简直是到了江南了。过了张掖，是永登山丹，靠着祁连山麓，一大片的草滩，真是绝好的牧场，而明代的边墙也就在这些地方迤逦不绝。在将到永登的时候，还可以看见公路旁边有参天合抱的柳树，疏疏落落的有好几里长，点缀在西风残照之间，那就是有名的左公柳。到了酒泉以后，景象有点两样了，黄沙白草，风日惨淡，始有塞外之感。出嘉峪关经玉门再往西，公路沿着疏勒河的北岸。往北一望，荒野大漠，遥天无际。南边可不同了，祁连山像一道高墙，自东而西，连绵不断，不分冬夏，顶上常是积雪皑皑。人说西王母的家就在那里，远远望去，也真像有琼楼玉宇在其中隐约闪现。沿着公路的南边，可以看见无数的土堆子，有的延长好几里，有的是一个大墩子旁边连上五个小墩子。这种土堆子沿着酒泉以北的额济纳河往南，跟着疏勒河向西，以至于敦煌的南湖和西湖，几乎随处都是。这就是汉唐时代的边城和烽燧的遗址，有名的汉唐长城，就在这些地方。

现在是一切都放弃了，荒废了，但是以前这里都是些人烟稠密，鸡犬相闻的地方。因为政治势力不竞，藩篱既撤，保障毫无，人不得不向内地撤退。人一退让，自然力量跟着就推进了。如今在安西敦煌沙漠的四周，还可以看见许多古城遗址，有的伸张到现在的沙漠田边际二三十里以外。这可以证明古代垦牧的区域，范围要比现在大得多。人同自然力量互为消长的例子，再没有比这一带显明的了。瑞典的赫定和英国的斯坦因曾在新疆以及河西一带考古，他们的书中常常提到发掘汉唐的古城，他们推想那时戍边的将士官吏以及人民，在那里和自然力量作生存的斗争，实因政治势力再不能够保护他们了，他们才一步一步的向后撤退。赫定、斯坦因叙述这些情形，对于那时候的人的艰苦卓绝，深表钦佩，而我们读书的人也不免大为感动。

最近旅行戈壁的时候，曾在一座破败的墩子上了望。已经傍晚了，太阳在西边的地平线上还有畚箕那么大，血红带黄的光芒四面放射，周围的云彩都映成了橙黄色。一个人在墩子上朝着西面和北面遥远的天际看着看着，就堕入冥想中去了。俨然在汉唐当年，墩子下面那些土堆子似乎都是一座一座的房子，也许是人家，也许是戍边将士的营房，房顶上正袅起炊烟。放在外边的马群和羊群逐渐回来了，鸡鸣犬吠以及小儿喧笑的声音，嚷成一片。那座墩子也楼橹完好，雉堞无恙，几个烽子正在上面聚精会神的望着西边北边，希望有平安消息到来。一天一天的过去，一年一年的过去，这些人从少年转到中年老年，也许就死在那里，埋在附近。但是他们从来不颓丧，也从来不堕入幻想。只凭着他们的结实的身体，坚强的意志，和不屈不挠的精神，同敌人和自然作生存的斗争。敌人和自然败了，他们胜了，他们的西陲也固若金汤了。两千年一千年的历史，像电光石火般一转眼过去了，这些人固然长埋地下，烽燧城堡也放弃了，荒废了。我也仍然清醒白醒的站在废墩上面，西边的太阳还有一半在地平线上。但是这些废毁的烽燧城堡，照旧很英勇的迎着落日，放出黄色的光辉，西北风呼呼的怒吼，而它们依然静默无言，屹立不动。这就是我们民族的精神。想到这里，我禁不住下泪了。

(一)这篇叙述行程，从兰州市起始，一路往西，到敦煌为止。读的时候，最好把甘肃省的地图放在一旁。

(二)本篇作者熟于史事，深知汉唐当时边防的情形，才会在荒废的墩子上堕入冥想。他从屹立不动的墩子看出我们民族的精神，这是一种象征的看法。

詹天佑先生 /《科学的中国》

詹天佑先生号眷诚，广东南海人，生于清咸丰十一年三月十一日。他从小就是个非常聪颖的孩子。同治十一年，满清政府选派各省聪颖子弟往各国留学，他被选中了，跟着留学监督陈兰彬到了美国，年纪才十二岁。

詹先生在美国留学十年。起初进的是威市哈芬学校，五年后考入美国最有名的耶鲁大学，修习土木工程和铁路建筑。直到光绪七年回国，已经是个二十一岁的青年了。

光绪三年，满清政府曾赎回英商所筑的淞沪铁路，把轨道和车辆一齐沉在海底。学了铁路专科回国的詹先生，这时不但所学无所用，并且很受当局的讨厌。只因敷衍功令和人情关系，他才被派到福州的船政学校学习驾驶。学习驾驶之后，历任扬威兵轮教练，船政局教员，广东博物馆水师学堂教习等职，前后共有七年之久。这七年中，他始终没有应用自己所学的机会，他的失望是不消说的。

光绪十四年是詹先生生活上的一个转折点。这年伍廷芳氏当了津榆铁路的总办，任詹先生为工程师，詹先生才得应用他的专长。从此之后他便专心在铁路事业上服务，一直到死，其间三十多年，可说没有一天和铁路断绝过关系。国内铁路如津榆、萍醴、新易、潮汕诸线的成功，差不多都由他经营擘划的。他的专一，他的奋勉，不久便使他得到了国际间的声誉。光绪二十年，他被英国的工程师协会选举为会员，我国人被选入这个会的他是第一个。这不但是他个人的荣誉，也是我国工程界一件可以纪念的事。其时詹先生三十四岁。

詹先生一生事业的最大成就却在筑成从北平到张家口的平绥铁路。平绥铁路在光绪三十一年开筑，詹先生担任了总工程师，在铁路工程上用本国人担任总工程师，这还是第一次。原来当时英国俄国争着要推荐他们的工程师，相持不下，清政府没法解决，只好说外国工程师一个不用，决用本国人自己来干，这才选到了詹先生。可是这条平绥路虽然全线只有三百五十多里，而沿线山岭重叠，要经过八达岭、居庸关等处著名的天险，工程上必须穿山越岭，全线有四个山洞，最长的八达洞长三千八百五十余尺，比较在平地上建筑，不知要艰难几百倍。当时世界的舆论都不相信我国能自己筑成这条路，英国的报纸甚至轻蔑地说："中国建筑这条路的人才还没有产生呢。"詹先生却在这种空气之下毅然受命，夙夜匪懈，擘划经营，终于达到了成功的地步，在我国的工程史上留下了光荣的一页。按照原定的工程计划，建筑这条铁路需要九百余万元的经费，七年的时间。但在詹先生的手中，经费仅用去了五百二十余万元，至于时间，从光绪三十一年九月四日插标兴工，到宣统元年八月十一日全线通车，计算起来还不到四足年。这条铁路筑成之后，素来轻蔑我国人能力的外国舆论也就平息，只能说这是个不可思议的奇迹了。由于敬佩心和好奇心的驱使，外国人特地跑来参观的，络绎不绝。詹先生是世界第一流的工程师，于是确定了。

宣统二年九月，詹先生又被任为粤汉铁路的总理。可是没有几个月之后，国内因为川汉铁路事，辛亥革命爆发了，清室逊位了，民国成立了。在新旧交替中，一切事情陷入混乱状态，筑路工程受到种种的掣肘，无从进行。从民国元年七月到民国二年六月，时间不满一年，川汉、粤汉两路的督办却更换了四次。直到冯元鼎就了职(民国二年八月)，粤汉铁路才重新筹划，继续开工。不久冯氏因病辞职，詹先生继任，才把粤汉铁路的全权握在手中。其时民国新立，筑路的经费万分困难，经詹先生悉心擘划，决定先筑粤汉线武昌到长沙的一段。可是欧战发生，我国对德国宣战，筑路工程的进行又遭到严重的打击，因为筑路借款存在柏林银行有十几万金镑，完全不能提用，经费比以前更加困难了。到了民国七年正月，好容易全线工程快要完竣了，又因为湖南发生军事，工程上受了很多损失。拖延了半年，到九月间才把全线筑好，共长二百五十八英里，这是詹先生对于我国铁路工程最后一次的贡献。就在这一年，詹先生因为积劳过度，体力不支，生了一场重病，好久才痊愈。从此他的健康便一天不如一天了。

民国八年一月，参加欧战的协约各国因俄国内战不已，有共同管理俄国东方铁路的提议，开会于哈尔滨及海参崴。我国就派詹先生为技术代表出席参加。当时詹先生的身体已十分羸弱，东北的气候又那样不适宜于他，许多人都为他担心，他却奋身登程，不把一身的安危放在心上。在会中他为我国争回了不少权利，尤以中东铁路任用中国工程师一事为最重要。不幸他受不住北方严寒气候的打击，夙疾复发，只得乞假南归就医。四月二十日到汉口私寓，家属把他送入了当地有名的仁济医院。然而病根已深，又加长途劳顿，终于无法挽救。到了二十四日，这个世界闻名的中国工程师便与世长辞了。其时他五十九岁。

(一)读这一篇，不但知道詹天佑先生的生平，也可以知道我国兴修铁路的略史。

(二)记述一个人物，有种种的写法。或者写他的性情、思想，或者写他的平常行为，或者写他的某一方面的功业，或者各项都写。这一篇专写詹先生在铁路方面的功业。

我的同班 /冰 心

李女士是我们全班男女同学最敬爱的一个人，大家都称呼她“李大姐”。我们男同学不大好意思打听女同学的岁数，根据推测，她不会比我们大多少。但她从不打扮，梳着高高的头，穿着黯淡不入时的衣服，称呼我们的时候，总是连名带姓一副亲热的不客气的大姐姐态度，我们也就不约而同，心悦诚服的叫她大姐了。

李女士是闽南人，皮肤很黑，眼睛很大，说话作事，敏捷了当。在同学中间，疏通调停，排难解纷，无论什么集会，什么娱乐，只要是李大姐登高一呼，大家都是拥护响应的。她的好处是态度坦白，判断公允，没有一般女同学的羞怯和隐藏。你可以和她辩论，甚至吵架，只要你的理长，她没有不认输的。同时她对女同学也并不偏袒，她认为偏袒女生就是重男轻女；女子也是人，为什么要人家特别容让呢？我们的校长有一次说她“有和男人一样的思路”，我们都以为这是对她最高的奖词。她一连当了三年的班长，在我们中间，没有男女之分，党派之别，大家在“拥护领袖”的旗帜下，过了三年医预科的忙碌而快乐的生活。

在医预科的末一年，有一天，我的班导师忽然叫我去见他。在办公室里，他很客气的叫我坐下，宛转的对我说，校医发现我的肺部有些毛病，学医于我不相宜，劝我转系。这真是个晴天霹雳!我学医，是十岁以前就决定的。我的母亲多病，服中医的药不大见效，西医诊病的时候，总要听听心部肺部，母亲又不愿意，因此，我就立下志愿要学医，学成了好替我的母亲医病。在医预科三年，成绩还不算坏，眼看快要升入本科了，却要我前功尽弃!从班导师办公室走出来的时候，我几乎连路都走不动了。

午后一堂是生理学实验。我只呆坐在桌边，看看对面的李大姐，卷着袖子，低着头，按着一只死猫，在解剖神经，那刀子下得又利又快。其余的同学也都忙着，没有注意到我。我轻轻的叫了一声，李大姐便抬起头来。我说："李大姐，我不能和你在一起了，导师不让我继续学医，因为校医说我肺有毛病……"李大姐愕然，刀也放下了，说："不是肺痨吧？"我摇头说："不是，据说是肺气支胀大……无论如何，我要转系了，你看!"李大姐沉默了一会，便走过来安慰我说："可惜的很。像你这么一个温和细心的人，将来一定可以做个很好的医生。不过假如你自己身体不好，学医不但耽误自己，也要耽误别人。同时我相信你若改学别科，也会有成就的。人生的路线，曲折得很，塞翁失马，安知非福？"

下课了，这消息便传遍了，同班们都向我表示惋惜，加以劝慰，李大姐却很实际的替我决定转哪一个系。她说："你转大学本科，只剩一年了，学分都不大够，恐怕还是文学系容易些。"她赶紧又加上一句，"你平素对文学就极感兴趣，我常常觉得你学医太可惜了。"

我听了大姐的话，转入了文学系。从前拿来消遣的东西，现在却当功课读了。正是"歪打正着"，我对于文学发生了更大的兴趣，不但读，而且写。读写之余，在傍晚的时候，我仍常常跑到他们的实验室里去闲谈，听李大姐发号施令，商量他们毕业的事情。

大姐常常殷勤的查问我的功课，又索读我的作品。她对我的作品总是十分叹赏，鼓励我多读多写。在她的指导鼓励之下，我渐渐的消灭了被逼改行的伤心，增加了写作的勇气。至今回想，当时若没有大姐的勉励和劝导，恐怕在那转变之后，我要做一个颓唐不振作的人了。

在我教书的时候，李大姐已是一个很有名的产科医生了。在医院里和在学校里一样，她仍然保持着领袖的地位，作一班大夫和护士们敬爱的中心。在那个大医院里，我的同学很多，我每次进城去，必到那里走走，看他们个个穿着白衣，挂着听胸器，在那整洁的通道里忙忙的走来走去。闻着一股清爽的药香，我心中常有一种说不出来的感觉，如同一个受伤退伍的士兵，裹着绷带，坐在山头，看他的伙伴们在广场上操练一样，也许是羡慕，也许是伤心，虽然我对于我的职业，仍是抱着与时俱增的兴趣。

同学们常常留我在医院里吃饭，在他们的休息室里吸烟闲谈，也告诉我许多疑难的病症。一个研究精神病的同学还告诉我许多关于精神病的故事。李大姐常常笑着对我说："这都是你写作的材料，快好好的记下吧!"

抗战前一个多月，我从欧洲回来，正赶上校友返校日。那天晚上，我们的同级有个联欢大会，真是济济多士！十余年中，我们一百多个同级，差不多个个名成业就，儿女成行，大家携眷莅临，很大的一个厅堂都坐满了。觥筹交错，童稚欢呼，大姐坐在主席的右边，很高兴的左顾右盼，说这几十个孩子之中，有百分之九十五是经她接生的。酒酣耳热，大家谈起做学生时代的笑话，情况愈加热烈了。主席忽然起立，敲着桌子提议："现在请大家轮流述说，假如下一辈子再得做一个人的话，你愿意做什么样的人？"大家哄然大笑。于是有人说愿意做大元帅，有人说愿意做百万富翁。轮到我的时候，大姐忽然大笑起来，说："××教授，我知道你下一辈子一定愿意做个女人。"大家听了都笑得前仰后合。当着许多太太们，我觉得有点不好意思，我也笑着反攻说："李大夫，我知道你下一辈子一定愿意做个男人。"李大姐说："不，我仍愿意做个女人，不过要做一个漂亮的女人，我做交际明星，做一切男人恋慕的对象……"她一边说一边笑。那些太太们听了，纷纷起立，哄笑着说："李大姐，您这话就不对，您看您这一班同学，哪一个不恋慕您？来，来，我们要罚您一杯酒。"我们大家立刻鼓掌助兴。李大姐倚老卖老的话，害了她自己了。于是小孩子们捧杯，太太们斟酒，李大姐固辞不获，大家笑成一团。结果是滴酒不入的李大医生，那晚上也有些醉意了。

盛会不常，佳时难再，那次欢乐的集会，同班们三三两两天涯重聚，提起来都有些怅惘。事变后，我还在北平，心里烦闷得很，到医院里去的时候，李大姐常常皱着眉对我说：“我住不下去了。在这里不是‘生’着，只是‘活’着!我们都走吧，走到自由中国去，大家各尽所能，你用你的一枝笔，我们用我们的一双手，我相信大后方还用得着我们这样的人!”大家都点点头。我说：“你们医生是当今第一等人才，我这拿笔杆的人做得了什么事!假若当初……”大姐正色拦住我说：“我不许你再说些无益的话。你自己知道你能做些什么事，学文学的人还要我们来替你打气，真是!”

一年内，我们都悄然的离开了沦陷的故都。我从那时起，便没有看见过我们的李大姐，不过这个可爱的名字常常在人们口里传说着，说李大姐在西南的一个城市里，换上军装，灰白的头发也已经剪短了。她正在和她的环境快乐的，不断的奋斗，在蛮烟瘴雨里，她的敏捷矫健的双手，又接下了成千累百的中华民族的孩童。她不但接引他们出世，还指导他们的父母，在有限的食物里，找出无限的滋养料。她正在造就无数的将来的民族斗士!

我希望在不久的将来，我们回到故都重开级会的时候，我能对她说：“李大姐，下一辈子我情愿做个女人，不过我一定要做像你这样的女人！”

(一)作者原是女人，但这篇文字是用男人的口气写的。同类的文字有十六篇，集起来成一本书，叫做《关于女人》。

(二)读了这一篇，谁都觉得李大姐是个可爱的人。这是因为作者能把她的可爱处具体地写出来。

丰塔马辣/西隆涅 著 绮纹 译

丰塔马辣是马西加省最贫苦最落后的乡村，在已经干涸的孚齐诺湖的北方。岩石的高冈之上有百幢左右的屋子，围绕着一座摇摇欲倒的教堂，都是一层楼房，不整齐的，黝黑的，受雨打风吹破坏了的，屋顶上胡乱盖些砖瓦及种种破片。大多数屋子只有一个出入口，是门，是窗，又是烟囱。屋内没有什么地板，墙壁是潮湿的。人就在其中饮食，住宿，生男，育女；猪驴羊鸡也都在其中做窝。

除此以外，关于丰塔马辣村再没有什么可说的了。

我的一生头二十年光阴就是在这村里过的。

在二十年中，同样的天，同样的地，同样的雨，同样的雪，同样的房屋，同样的教堂，同样的年节，同样的饮食，同样的贫穷——那种贫穷，高传之曾，曾传之祖，祖传之父，父传之子。

人类、畜牲和土地的生活，老是走马灯般，随着四时自然的变化，周而复始。

起初是播种，以后是锄草，以后是修剪，以后是施肥，以后是收割，以后采葡萄，以后呢?

又是那一套：播种，锄草，修剪，施肥，收割，采葡萄。

永远是一个样的，一丝不走样的，永远是。

一天过了又一天，一年过了又一年。少年人转老了，老年人死去了。人们总是播着种，锄着草，修剪着葡萄藤，施着肥料，收割着麦子，采着葡萄。以后还有什么事情呢？

总是一个样。再以后呢？永远是一个样。这一年同上一年一样，这一季同上一季一样，这一代同上一代一样。

雨季来了，人们就忙着“家事”。这就是说，人们吵架。在丰塔马辣村，没有两家人家不关亲的。在小乡村里，大多是连亲带戚的。所以大家都互相争吵。争吵总为同样的事情，代代相传吵不完结的事情，无穷无尽的诉讼，无穷无尽的消费，只为确定一丛荆棘究竟属于谁。那丛荆棘给火烧光了，但人们还是争吵下去。

一切都是不得不然的。人们这个月储蓄了二十索狄，下个月三十索狄，夏末甚至一百索狄；到十二月份已经储蓄起三十里尔了。但以后害了一场病，或者发生了一次灾祸，十年的积蓄一旦用光了。于是重新开始；每个月二十索狄，一百索狄地储蓄起来。以后又是那样用光了。在平原上，有种种式式的变化。在丰塔马辣村却什么变化都没有。土地是岩石质，硗瘠的，没有多少出产，一点点耕地分了又分，而且抵押了债款。没有一个农民有几公顷的土地。

孚齐诺湖的干涸，最近八十年来使附近一带温度增高，以致把周围山丘的种植完全破坏了，橄榄树完全枯死了。葡萄藤奄奄一息，葡萄很少能完全成熟，须待十月底初雪之后才能采取，而且只能制成一种苦涩的、柠檬一般酸的酒。栽种这种葡萄的穷苦农民也只好喝这种酒。

孚齐诺湖干出来的地面并不能补偿当地的穷困。这地面如今是意大利最肥沃的区域了。可是生产出来的巨大财富并不存留在本地，是流到城里去的。

孚齐诺区域一万四千公顷的地产，连同罗马附近以及托斯堪那区域许多巨大的地产，是一个叫做妥洛倪王爷的所有的。这人是当初法国奥卫痕地方一个叫做妥洛痕的人的后裔。这妥洛痕当前世纪初年跟随一团法国军队到罗马来，就在那里落了籍，经营投机事业，起初靠着战争，以后靠着和平，以后靠着盐，以后靠着一八四八年战争和继起的和平，靠着一八五九年战争和继起的和平，靠着布尔奔王族的得势和失位。一八六〇年之后，西、法、拿三国合股的一个公司股票跌价，他居然占有了这个公司；依照拿波里国王赐与这个公司的权利，妥洛痕可以使用孚齐诺湖的干涸地面九十年。但因他有功于毕孟王朝，他就得到这肥沃区域的永久占有权作为报酬。初时他仅封公爵，以后升为王爵。

这个妥洛倪王爷有自己的卫队，保护自己的财产。足足六十公里长的濠沟围绕他的大地产。要到里面去必须从吊桥经过，夜间这些吊桥挂了起来。谁也没有权利在这宽阔的领地内建筑房屋或茅棚。

这领地内有一万个贫农在那里工作。所谓妥洛倪王爷把他的土地租给邻近的律师、医生、公证人、教员和富农；这些人把租来的土地佃给人种，或者雇用贫农做日工，自己来种。因此，这干湖沿岸的诸大镇市，每天早晨有一次“贫农市场”，以便妥洛倪诸租户购买劳动力；贫农必须走五公里至十二公里才能到达工作场所。

妥洛倪每年从孚齐诺取得的巨大财富，同贫农的穷困成了显明的对照，计有：三十万公担的甜萝卜，三十万公担的麦子，一万公担的各种蔬菜。

孚齐诺出产的甜萝卜，都是欧洲一个最大的制糖厂拿去制糖的。至于种甜萝卜的贫农，只有每年复活节时才能在糕饼中尝一点甜味。孚齐诺出产的麦子，差不多全部运到城里去。制成白面包、糕饼和点心，连城里人养的猫狗也吃那里的麦子。至于种麦子的贫农，一年中大部分是吃玉蜀黍的，因为他们的工钱不够一饱，只能苟延残喘，不能像模像样的生活。

以前好多人移殖到美洲去。大战以前，甚至到阿根廷和巴西去寻觅他们的幸运。成功的人衣锦还乡了，但并不回到丰塔马辣村来，他们定居在邻近的区域，在那里，运用他们的积蓄，可以希望多获一点利。失败的人才回到本村，仍旧过他们的无聊和愚昧的生活。他们在海外所见的生活，像失去的乐园一般，留在他们的梦中。

(一)这一篇叙述意大利的一个农村，却有许多点和我国的农村相似。能指出来吗?

(二)这一篇语言极朴素，又多用形式重复的句子，正与丰塔马辣村的单调和没有变化相配合。

老牛 /潘林 著 沈雁冰 译

在我所有儿时的回忆里，除了那温暖的家庭，除了我的本乡，那是横贯着一条急水的河，像一个快乐的姑娘，我们常常在它岸旁边玩的；是呀，在我所有可爱的故乡美景——十分温柔地向我微笑的美景的回忆里，总是耸立着那条庞大的瘦骨嶙峋的孛尔忒畜——我家的老牛。

它以牛类的耐性与沉静，许多年来任重服劳，没有一些怨意，现在它老了，衰弱了。我父亲看它从一头小小的犊儿长到壮大，转到老弱，我父亲知道它一生辛苦，总是顺着命运劳作。我父亲爱这个老工人——老伙计；他对于它想不出一丝一毫的不满意，他满心地可怜它，所以不再把什么工作去麻烦它了，只让它安逸地自由地享受它的余年。

可怜的孛尔忒畜!它的样子多么叫人痛心，它的灵魂又多么温柔呀!它是全村中最高的牲畜。浑身白得像一个雪球，一对长而粗的好角，透明而有贝光，形状极像女神抱着的七弦琴。

孛尔忒畜常躺在谷仓前的荫地上，有本村的孩子们环绕着看好它。我们很亲爱地抚摩它，梳理它的毛，很温柔地拥抱它，取了草料来喂它，并且采些花儿缀成球，装饰在它的美丽的角上。这样，它就十分像一个喜欢修饰的老鳏夫了。它似乎也觉得自己的怪相，但是永远不肯对我们生气。这和善的老家伙总是张大了黑而大的眼睛，和气地看着我们；它的目光那样地沉静，那样地温和，那样地有意思，并且那样地动人怜悯，好像它有许多话要告诉我们似的。我们也回看它，静默了一会儿，总是这样问道："什么，孛尔忒畜……喂——告诉我们，你要什么？"于是孛尔忒畜摇摇头，低而深长地叹口气，慢慢地咀嚼它的没有牙齿的嘴巴。

我们给它很多的草料。它不停地吃，镇日价反反覆覆地咀嚼，尽管如此，它还是瘦得可怕。它的腹部深深陷进去，肋骨嶙峋可数；它的肩胛骨，脊椎骨：总而言之全副骨骼显露出来，极像巴尔干山地的连绵起伏的山峰。

每天早晨起来，孛尔忒畜抖去了身上的稻草，舒展了麻痒的筋骨以后，便从棚里钻出来，跑到河边去喝它的早茶。它走得慢慢地，镇静地，安详潇洒地，并且傲然举起它的头，似乎自负它往日的伟大工作。它的瘦瘪的肚皮，它的挂满了我们所做的花球的美角，它的干净的毛，以及它的庞大露骨的躯干，合起来成就了它的魁梧奇美。

孛尔忒畜到了河边，喝了些水，然后慢慢地回到棚里，不受什么打扰。日暮时人们吃饭以前。没有人邀请，也没有人阻拦，孛尔忒畜照样地出去喝水，照样地回来。它的短距离散步那样地准时刻，以至于人们把它当作时辰钟了。

在夏季里，我们常常带着孛尔忒畜和村里的牛羊一同出去放青。那些牛羊跑到深山里，喜欢爬上那些峭壁，或者越过那些多尖石的山峰，这种游戏，对于孛尔忒畜真是十分为难，而且很危险的。因此它常常落后，并且直到很晚，才见它孤独地回来。有一次，它失踪了，我父亲在树林里整整找了它一夜。他找到它躺在交叉路口，已经疲乏到不能动弹了。以后，我父亲就不让孛尔忒畜和村里的牛羊一同出去；他想最好还是让它和村里的小牛一同出去，小牛不会跑到深山里，并且决不会去爬那些多尖石的山峰。

但是孛尔忒畜又不愿意和那些不懂事的莽撞小家伙作伴。在先它倒一同出发了，可是出了村庄，它就掉转身子向后跑，要回到棚里，它很生气，并且无聊得怪可怜。牧童用尽方法赶它在小牛队中走，然而无效，它“牟、牟”地怒叫，举起大角对着牧童，那样子十分凶狠，竟使那孩子不得不任它照自己的意思做去。第二天，它踌躇了许久，又生了一会气，才跟着走了，但是快到正午的时候，它又独个儿回来了。小牛们，那些淘气的坏坯子，在草地上那样快活地跑跳，这种轻狂的举动，孛尔忒畜自然看不入眼。然而过了几天以后，孛尔忒畜的固执失败了；它以哲学家的谦恭，屈服于命运之下了。村里人听得有这么回事，都特地出来看孛尔忒畜跟着那群小牛出去放青。每天早上牧童赶着那些小牛在尘沙中向前去的时候，孛尔忒畜在大队旁边走，像一个小学教师领着一群小学生游行。它的威吓的眼光时时罩住它们，又时时举起锐利的角向它们示威。

每天清晨，孛尔忒畜一听见牧童的呼声，立刻从棚里出来，站在草场上，两眼望着那块绿油油的牧场，这时候，初出的阳光正在晒干那牧场的草叶上的露珠。它又极目远望那麦田，那草地，那些地方都是它少壮时候用过功夫的。它的润泽的眼睛望着那些熟习的风景，颇有黯然神往的样子，分明像一个老人在那里怀念旧事。

这个哑口静默的灵魂，正不知怎样地难过呢!

后来孛尔忒畜忽然病了。它不出来站在草场上远望那绿油油的牧场了，只是静悄悄地躺在棚里。它的身体一天一天地衰弱，抖得很可怕，毛都直竖了，从它的无力的眼里，可知它十分痛苦。我们替它披上一条毯子，弄东西给它吃，但是它并不尝一尝。我们拿水给它，它把鼻子浸到水里，立刻像有人扯它似地缩了回来，大声地哼着。我们唤了那钉马蹄的来，因为他又是兽医，他很仔细地诊视它，卷弄它的尾巴，拉它的耳朵，又翻起它的眼皮来看，最后，拿一些辛辣的黑色药粉放在它鼻孔边，强迫它吸进去。

孛尔忒畜躺着受苦了几天。这几天里，它那样地衰弱，甚至没有气力看一看我们给他的食物和水。它实在衰弱得可怕了。身体瘦得像一块木板。后来它能够起来尝些食物了，几乎站立不稳。

一天，春光明媚，又是星期。人们都从家里出来，往教堂里去，都快乐地穿着星期日的新衣。在我们的园子里，李树开着烂漫的花儿，繁花压在枝头，直使那些软枝儿互相偎倚，富有笑意，宛如老处女盛妆了去贺别人的婚礼。前一天晚上又刚下过雨。空气很清新，天空没有一片云。太阳正爬上那些山头。这太阳真美，似乎它和那些做礼拜的人一样，也是刚从教堂里出来呢。

孛尔忒畜好像比往常爽健些，快活些。我们非常高兴，特地做了杂色花朵的大花圈挂在它的角上。我们都抚摩它，它也闪动着眼睛，表示很乐意接受我们的殷勤。

它起身了，慢慢地离开我们，很用力地挪动脚步，走出门去，仍旧和往常一样地庄重而美丽，不过更瘦些，更衰颓些罢了。我们想止住它，可是母亲说让它出去散散步也好，所以我们只跟在它后面。

孛尔忒畜一直向河边走去。人们好久不见它了，都站住了欢呼道："怪可怜的孛尔忒畜!"

它到了河边，喝了些水，又闲立了一会儿，破例地不回头走，却走到我们近旁的田里。在那里，和风拂着长成的小麦，麦浪下面藏着无数的斑鸠，上面呢，有千百只小蝴蝶逐队飞舞。孛尔忒畜站在麦田边，静静地看着，像对一个熟人，并且啃去了田边的几茎草儿。忽然站不稳了，它全身摇荡，长呻了一声，就倒在地下。我们怕起来了，叫喊着，飞奔回家报信。

我们同父亲再去的时候，孛尔忒畜已经没有知觉了。

就这么死了，那老的有用的劳动者，那哑口的朋友。于是在田边，就是它从前工作过并且休息过它那疲倦的头的田边，我们葬了它，用了葬人的规矩。在它的坟上，那是铺了白石的，每逢春季，便开一些美丽的花儿。

人们把这块冷僻的田边叫做“孛尔忒畜坟园”。

而今我每次回家乡去，总不忘去拜望两个坟——一个是我母亲的，又一个便是老孛尔忒畜的。

(一)这篇小说描写那条老牛，宛然像个勤劳了一辈子的老年人。它不愿与小牛们作伴，它眺望着自己工作过的田地，以及它临死前走到春光遍满的麦田边，这其间都有浓厚的人情味，却又仍然是老牛的情态，值得细细体会。

(二)读罢这一篇，那条老牛的形象和心境仿佛都在我们眼前，我们仿佛读了一首诗。

从掷石子说到原子弹

/顾均正

躺在壁角里的一块小石子，要是你不去动它，它就永远躺在那里，跟任何人不发生关系。如果你高兴用手去摸它，除了觉得它是一种有棱角的坚硬的实体以外，并无特别的感觉。

然而假使有一个顽皮的小朋友，看见了这块石子，由于偶然的兴致，把它拾起来用力掷出去呢？那情形可就完全不同了。这块石子本来是安分守己，过着平静的生活的，现在却会到处闯荡了。碰到玻璃，玻璃被它打碎了；碰到墙壁，墙壁上的石灰被它打落了；如果这块石子凑巧经过你的身旁，你用手去摸它，你的唯一的感觉将是剧烈的痛楚，甚至把你的手擦得鲜血淋漓。

同样的一块石子，为什么有这样不同的性质呢？

科学家的回答是：运动着的石子具有动能，静止的石子没有动能。

所谓“能”，指一种不可捉摸的能够使物质发生变化的力量。风的吹力，水的流力，人畜行动工作的力，都是能。此外还有会使空气振动的声能，会使照相片发生化学变化的光能，会使物质膨胀的热能，会使机器转动的电能，会使两种物质紧密的结合起来的化学能，等等。

不过我们寻常得到的能都不是物质所固有，而是从外界加入物质，依附于物质的。在目前，我们这世界上的能都取之于太阳。譬如前面所说的石子的动能，是从小朋友的动能得来的；小朋友的动能，是从吃下去的饭菜的化学能得来的；饭菜中的化学能，是从太阳的光能得来的。

因为依附于物质的能都从太阳得来，所以能与物质，一向被认为互不相关的。但是，等到爱因斯坦发明了“相对论”(1905)，才知道能与物质实在是可以互相转变的。根据爱氏的计算，如果使一磅任何物质全部转变为能，就可以得到惊人的能量，大约相当于一百一十四万万度的电力。这样多的电力，照目前的情形而论，足够供我们全上海市民十年的应用。

由于这个巨大数字的吸引，各国科学家纷纷努力，研究变物质为能的方法。一切物质既是由九十多种原子组成的，他们研究的第一步就注重在侦查原子的内部构造。后来知道原子的中心有一个核，核外有电子环绕着。核由质子与中子结合而成。原子的性质不同，就因为核中的质子与中子多寡不同。于是科学家觉得，如果要变物质为能，先得把原子核击破。科学家对于击破原子核做了好多年的实验，但是结果都不十分满意。

到了一九三九年，有一个德国科学家首先发现铀原子可以用中子来击为两半，同时还得到了大量的能。这个消息传到美国，立即引起美国科学家的注意。实验的结果，非但证明了这消息可靠，并且发现在被击破的铀原子碎片中，复有中子射出。因而有人想，这射出的中子，有击破其他铀原子而引起一连串的爆炸的可能。要是这个设想能够成为事实，那一定可以利用铀原子造成一种猛烈无比的炸弹。因此，在一九四〇年六月间，美国政府就动员了一切的人力物力，并且联合了英国与加拿大政府，以及受不住法西斯压迫而逃到美国的欧洲科学家，秘密地从事原子弹的设计与制造的工作。经过了整整五年的工夫，原子炸弹便完成了。

(一)科学家一向认为能与物质是互不相关的，到爱因斯坦发明了“相对论”之后，才知道能与物质是可以互相转变的。科学研究探究万物的奥秘，新的发现纠正旧的错误，往往如此。

(二)利用原子能制造炸弹，还是破坏性的事情。爱人群的科学家尤其愿意把原子能利用在建设性的事情上。由于他们的努力，必将有满意的发明。

读书/曹孚

为什么读书呢!

培根的话是出名的：“读书为快乐，为装饰，为能力。”

据斯宾塞说，在许多事情上，人类的考虑，总是装饰先于实用。衣服是为了“文身”，不是为了御寒却暑。教育在过去，正如斯宾塞说的，是装饰多于实用。但现代的生活情形，要求着教育必须注重实用。现代的崇实主义教育就是对过去的装饰主义教育的反动。所以在三者之中，“为装饰”是最不足称的读书目标。

“天下无如读书乐”，读书可以成为一种乐趣。现代的青年习闻“学以致用”“读书救国”之说，尤其在此抗战时期，一切要与抗战有关，假使有人提倡为娱乐而读书，这人一定会被青年们“鸣鼓而攻之”。假使你说，读小说读文学是为了消遣，为了娱乐，青年们一定会教训你：“不是的！小说文学有社会意义，有战斗性。它能反映生活，也能组织生活。”假使以读小说读文学为消遣为娱乐是不对的，读其他硬性的书而以消遣娱乐为目的的主张可以被容忍吗？但是，现代欧美教育家正在致力于休闲教育(即是娱乐教育)的提倡。他们主张以读书为一项主要的休闲活动。而在讲书时，他们也强调读书的娱乐意义。所以，以读书为娱乐的主张不是可以一笔抹杀的。

第一，娱乐也是人类的一种不可抹杀的生活要求，假使读书应该致用，那么，娱乐也是“用”之一种。

第二，在读书这件事情上，“用”与“乐”是可以并行不悖的。读书为了救国，这是读书之用；但以救国为读书的目的，并不妨碍你“读书乐”的享受。程子说：“读《论语》，有读了全然无事者。有读了之后，其中得一两句喜者。有读了之后知好之者。有读了之后，直有不知手之舞之，足之蹈之者。”《论语》，如赵普所说，可以治天下，即使只读半部。那么读《论语》是为了治天下之“用”。然而这不妨碍你在读《论语》时“喜”，“好”，乃至“手舞足蹈”。

譬如运动。运动的目的应该是健康。但运动有两种。一种是掬侃运甓式的运动，一种是足球、网球、游泳、划船、骑马一类的游戏。这两种运动同样能促进健康。但游戏能于健康之外给我们愉快，好像在药品上敷一层糖衣，或者更正确地说，好像在食品之中加入些美味。这两种运动在促进健康一点上是一致的，但一种能使我们愉快，另一种却不能，我们自然应该取前者而舍后者。而且，有许多人原来不肯运动，在运动中掺入了愉快，他们才喜欢运动了。

读书就是精神的运动。终极目的当然是“用”，过渡目的却不妨是“娱乐”。许多人不读书，不是因为读书没有“用”，而是因为读书没有趣味。这类人需要糖衣，需要美味。虽然我们得小心糖衣里面包着的是否毒药，滋味的要求是否抹杀了“营养”的考虑。

我们得考察一下“读书乐”的心理学的基础。

从最原始到最文明，从最少到最老，从最愚到最贤，凡是人都乐于观察周围的新奇事物。这叫做好奇心，而好奇是知识之母。人的大部分休闲活动，即是对周遭事物的观察。而观察的范围，随着各人智慧——社会的智慧称为“文化”——之发展而发展。目睹所不及，济之以耳闻。而一有文字，一有书本，观察的领域就有无限的扩张，因为时空所加于观察的一切限制都不存在了。我们可以观察现在，也可以观察过去与未来；可以观察身边，也可以观察天涯海角；可以观察宇宙之大，也可以观察苍蝇之微。“安坐在火炉旁边，不劳一举手一投足，我们可以漫游地球上最遥远的角落，可以翱翔于诗人斯宾塞笔下的仙女群聚迎迓的境界，翱翔于密尔敦笔下的天仙们欢唱乐园的谐歌的境界。”难道还不够乐吗？

人应该喜欢读书，就像小孩子喜欢听故事看图片一样。因为书本与故事画片同样能给予我们以关于新事物的经验或知识，虽然后者的经验是具体的，因而是生动的，而前者的经验有时比较抽象。人假使不喜欢读书，那或者因为在读书方面受了错误的教养——就像人人喜欢吃饭，而患“拒食症”的小孩子不肯吃饭是错误教养的结果一样。

但是读书的最重要的目的是“能力”。这能力，据培根说，表现在对于一般事务之判断与处理上。所以，说读书为了能力，就是说读书为了致用。

为什么读书？最简单的答案是：为了求知识。而知识，据培根说，就是力量。“哲学的任务不但在明了世界，而且在改变世界。”读书不但能使我们知道，而且能使我们改变所知道的，因为知识就是力量。

(一)读书为快乐，为能力，这篇里都说明了。对于为装饰却不作说明。这是什么缘故？

(二)不只是哲学，一切学问都要改变世界。改变世界有个总目的，那是什么？

罗邱史德黑兰会议宣言 /轶 名

我们——美利坚合众国总统，大不列颠首相，苏联人民委员会主席——在过去四天中，在我们盟邦伊朗的首都德黑兰聚会，已经拟定并且认可了我们的共同政策。

我们表示我们的决心：我们的国家在战争方面，以及在随后的和平方面，都将共同工作。

关于战争方面——我们的军事参谋曾参加我们的圆桌讨论，我们已经议定了关于消灭德军的计划。我们就从东南西三面进行的军事行动的规模和时间，商得完全的协议。我们在这里达到的共同默契，保证胜利一定是我们的。

关于和平方面——我们确信：我们的和协必将使和平成为永久的和平。我们完全承认我们以及所有联合国家负有无上的责任，要创造一种和平，这种和平必将博得全世界民族绝大多数人民的好感，在今后的许多世代中，排除战争的灾难和恐怖。

和我们的外交顾问在一起，我们曾检讨了将来的种种问题。我们将力求所有大小国家都来合作，积极参加，那些国家的人民和我们本国的人民一样，都是用全副心灵，抱着献身的精神，要消除暴政和奴役，压迫和苦难的。我们一定要欢迎他们，听他们抉择，到一个全世界民主国家的大家庭里来。

人世间决没有一种力量能阻碍我们从陆上消灭德国的陆军，从海中消灭他们的潜艇，并且从空中消灭他们的兵工厂。我们的进攻将是毫不留情的，而且是越来越强的。

从这些友谊的会议出发，我们怀着信心瞻望着那么一天，全世界所有各国人民都可以过自由的生活，不受暴政的摧残，凭着他们多种多样的愿望和他们自己的良心而生活。

我们怀着希望和决心来到这里。我们成了事实上的朋友，精神上的朋友，志同道合的朋友，在这里分手。

罗斯福　史太林　邱吉尔

一九四三年十二月一日在德黑兰

(一)这篇宣言鼓吹各国的合作。到一九四五年六月二十六日，许多的国家在美国旧金山签订《联合国宪章》，这种愿望算是具体化了。

(二)宣言中关于攻击德军说得很节略，只是些不着边际的空话，什么道理？

雁/楚图南

从小生长在山区，逢到秋天，只看见蔚蓝而高的天空中，成群的雁缓缓地飞过，并不知道它们的家乡在哪里。后来有一年在曲阜，那里城外的沂水、泗水，两岸都有成千成万的雁，白天从那里飞起，晚间在那里歇宿，沙上也有无数的爪迹，脱落的羽毛，和啄剩的鱼虾之类。心里就想，平原地带的水塘、池沼，和小河的两岸，大概便是秋天时候雁的家乡了罢。

现在到了开封，这里也特别多雁。新秋的晴空，尤其是清早时候，总可以看见成群的雁掠过屋檐，咿咿呀呀地叫着，声音清而悲，不知它们奏的是什么乐曲。于是想起听过的一支《平沙落雁》的古曲，那意境仿佛是秋高月明，沙平山远，流水潺潺，寒风习习。不仅是超脱尘寰的出世之感。连那微微悲凉的旅人的寂寞之感，也为这动听的雁声勾起来了。

所以有一天在课堂里出作文题，我毫不踌躇地在黑板上写了一个大大的“雁”字。

到了晚间，学生的卷子交来，在灯下看了许多许多关于雁的故事。

听说雁偶是永久的，如果有一只死亡或失散了，那剩下的孤雁就终身无偶，在高高的天空，悲哀地叫着，叫着，直到后来在水里看见了自己的影子，坠崖而死。所以雁是最贞节的。一个学生的卷子这么说。

又一个说到孤雁所受的待遇：同伴们都奴役孤雁，白天要它当向导，夜间要它打更。它疲劳得很，可是不能睡眠，而且歇宿的时候总是离开同伴们远远的。四周一有动静，或者猎人来了，它一声惊呼，同伴们如同一片浓云似的飞起来了。危险既去，同伴们又各自睡去，只有那孤雁仍然站得远远的，瞪眼看着一天的星斗。

又一个说的是猎人捉雁的故事。猎人知道孤雁是醒着的，故意引火发光，或作种种响动。孤雁一次一次都惊呼起来。多次之后，不见危险来临，同伴们对它不信任了，大家啄它。它受了这惩罚，以后即有火光，也不再惊呼，搅扰同伴们的清梦了。于是猎人悄悄地走上前去，将大部分的雁捉住。

此外还有许多关于雁的故事。从前我只知道雁是难以想象的长途旅行家，生物中间的永久的旅客，由地球的这一端飞到地球的那一端，经过了高空，经过了大海，万物和人间全在它们翱翔之下，而它们对于这些也似乎了无贪恋，飘然远去，一无所争。它们追逐的是永久温暖的太阳，爱好的是美丽的春光和丰繁的夏日。多么高旷而快乐的族类啊!即使来回有些辛劳，我想，同伴的歌声，和海上的微风，高空的明月，也很足以抵偿了。哪里想得到在它们之中，竟有这么可悲的故事。

现在我似乎知道了。声音清而悲，那是孤雁的歌曲，那是将深深的悲哀和不幸埋在心底里的生命唱出来的哀歌。

(一)我们是人类，观察一切事物不免凭着人类的心思情感。这篇文字谈雁，就是从人类的心思情感出发的。就雁本身来说，原无所谓“高旷而快乐的族类”，也无所谓“将深深的悲哀和不幸埋在心底里”。

(二)听了《平沙落雁》的古曲，见到“秋高月明，沙平山远，流水潺潺，寒风习习”的意境。看了雁群高飞，见到它们“了无贪恋，飘然远去，一无所争”的性格。这些都是想象的结果。

荷 / 贾祖璋

从植物学上看起来，荷的一切构造，都为的适应水中生活。它有根状的茎，横在地下，就是藕。藕的节上生须状的根，用来吸收养分。藕又长又肥大，在泥底足以固定地位，所以根不必生得长而多了。藕内有数条管状的空隙，内含空气，便于呼吸；不然，埋没水底，难免窒息。把藕折断，见有抽不尽的细丝，这是它的螺旋纹导管的管壁。藕所以肥大，因为其中贮藏着多量的淀粉，便于度过冬天，来年再萌发新芽。因此，荷不必专靠种子来繁殖。

荷叶也从藕的节上生出。初生时好像一枝耳挖，又像一枝小竹；叶片从两旁向中心卷转，像一支细梭模样，侧向，一半紧贴着叶柄。叶柄本来着生在叶片下面的中心，等到叶片开展，全体就像一把伞盖那样向下倾斜。至于春季初生的荷钱，叶片既小，叶柄又软弱，所以不能直立，只能浮在水面。叶片的上面看来似乎极平滑，其实密生着无数细毛。普通的植物，气孔生在叶片的下面，下面少受日光的照射和风的吹拂，空气出入时，可以少损失些水分。荷和其他的水生植物既不愁水分的缺乏，叶片下面又容易被水浸着，有隔绝空气流通的危险，所以气孔生在上面。上面生了气孔，必须防水把空气流通隔绝，这就是密生细毛的缘故。叶柄内有管状的空隙，与藕的空隙相通，可以交换空气。至于叶柄外部所生的刺，那是显而易见的，为的防御田螺之类的水生动物对于它的食害；假如生得润滑可爱，不将成为水生动物的食粮了吗？

荷花也生在藕的节上，往往每节同生一花一叶，旧时以为这就是“藕”的名称的来由。花被没有花冠和萼的分别，全体都呈花瓣状，普通共有十六瓣；外方几瓣形大，色彩较为朴素，大概就是萼。专供观赏的品种，花形较大，花瓣数很多。雄蕊也很多，环生在杯状的花托下面。花托上面有一个一个蜂窝状的小窝，雌蕊就分别生在这些窝内；花柱短小，柱头分泌黏液，便于受粉。花谢后，子房长大。花托同时长大，叫做莲蓬或莲房。果实在莲蓬之内，就是一颗一颗的莲子。莲子外面有黑色的硬壳，是果皮。平常南货店里出售的莲子，已经把果皮除去，那是种子了。可吃的部分是两片肥厚的子叶。子叶内有绿色的胚，叫做莲心；这是一种特殊的现象，在植物界中，像莲心那样发育完全的绿色的胚，是很少见的。莲蓬组织粗松，内含空气；干枯以后，能够浮在水面，漂到远方去；这是利用水力散布种子的一种特殊设备。

荷花以淡红色的为最普通，白色的也常见；黄色的，紫色的，杂彩的，比较的少有。专供观赏的，花都是重瓣，以颜色为名，有千叶红、千叶白、千叶黄、墨荷、金边莲、锦边莲等品种。寻常的荷花都是花梗顶上只开一花。有所谓并头莲的，花托分裂为二，宛似两朵并生的样子，现在已成为固定的品种，随处可以得到。还有花托三裂的叫做一品莲，四裂的叫做四面莲，都很少见。又有所谓重台莲的，由于花托上部发育起来又成一花，好似两花重生的样子。这些都是花形的变异。如桃梅等花，本来有许多雌蕊，后来雌蕊逐渐退化，只胜一枚特别发达，就成现在所见的花的样子。荷花本来有许多雌蕊同生在一个花托上，花托偶然二裂、三裂，就成为并头莲、一品莲、四面莲了。又如碧桃的花，雌蕊常常发育为绿叶，在花开时从花心透出。花本来是叶的变形物，雌蕊可以化成叶，也可以从叶仍化成花，重台莲就是这样发育而成的。

荷花原产于印度。但我国在《诗经》里已经说到“隰有荷华”，“彼泽之陂，有蒲与荷”，《离骚》里也说“制芰荷以为衣兮，集芙蓉以为裳”，可见传入我国，为时甚早。不过讲到荷花往往提起江南字样，可见莲是繁生于较为温暖的地方的。例如那首有名的汉乐府：“江南可采莲，莲叶何田田。鱼戏莲叶东，鱼戏莲叶西，鱼戏莲叶南，鱼戏莲叶北。”就是以江南为背景的。荷花既然产于印度，又与佛教有密切的关系。例如佛座以莲花为饰，传说修行的人埋葬处会发生莲花等都是。宋代周敦颐那篇有名的《爱莲说》，说莲“出淤泥而不染，濯清涟而不妖”，正含着多量的佛教思想。

(一)这篇文字先就荷的各部分分段述说，说藕，说荷叶，说荷花，然后说莲的品种，莲的产地，条理极其清楚。

(二)为什么第二节要说明普通的植物，气孔生在叶片的下面？为什么第四节要提到桃梅和碧桃的花形变化？

莱因河/朱自清

莱因河发源于瑞士阿尔卑斯山中，穿过德国东部，流入北海，长约二千五百里，分上中下三部分。从马恩斯到哥龙算是“中莱因”；游莱因河的都走这一段儿。天然风景并不异乎寻常的好；古迹可异乎寻常的多。尤其是马恩斯与考勃伦兹之间，两岸山上布满了旧时的堡垒，高高下下的，错错落落的，斑斑驳驳的：有些已经残破，有些还完好无恙。这中间住过英雄，住过盗贼，或据险自豪，或纵横驰骋，也曾热闹过一番。现在却没精打彩，任凭日晒风吹，一声儿不响。坐在轮船上两边看，那些古色古香各种各样的堡垒历历的从眼前过去；仿佛自己已经跳出了这个时代而在那些堡垒里过着无拘无束的日子。游这一段儿，火车却不如轮船，朝日不如残阳，晴天不如阴天，阴天不如月夜——月夜，再加上几点儿萤火，一闪一闪的在寻觅荒草里的幽灵似的。最好还得爬上山去，在堡垒内外徘徊。

这一带不但史迹多，传说也多。最凄艳的自然是脍炙人口的声闻岩头的仙女了。声闻岩在河东岸，高四百三十英尺，一大片暗淡的悬岩，嶙嶙峋峋的；河到岩南，向东拐个小弯，这里有顶大的回声，岩因此得名。相传往日岩头有个仙女美极，终日歌唱不绝。一个船夫傍晚行船，经过岩下，听见她的歌声，仰头一看，不觉忘其所以，连船带人都撞碎在岩上。后来又死了一位伯爵的儿子。这可闯下大祸来了。伯爵派兵遣将，给儿子报仇。他们打算捉住她，锁起来，从岩顶直摔下河里去。但是她不愿死在他们手里，她呼唤“莱因母亲”来接她；河里果然白浪翻腾，她便跳到浪里。从此声闻岩下听不见歌声，看不见倩影，只剩晚霞在岩头明灭。德国大诗人海涅有诗咏此事；此事传播得广，这篇诗也有关系的。友人淦克超先生曾译第一章云：

传闻旧低回，我心何悒悒。

两峰隐夕阳，莱因流不息。

峰际一美人，灿然金发明，

清歌时一曲，余音响入云。

凝听复凝望，舟子忘所向，

怪石梗中流，人与舟俱丧。

这座岩现在是已穿了隧道通火车了。

哥龙在莱因河西岸，是莱因区最大的城，在全德国数第三。从甲板上看教堂的钟楼与尖塔这儿那儿都是的。虽然多么繁华的一座商业城，却不大有俗尘扑到脸上。英国诗人柯勒列治说：

人知莱因河，洗净哥龙市；水仙你告我，今有何神力，洗净莱因水?

那些楼与塔镇压着尘土，不让飞扬起来，与莱因河的洗刷是异曲同工的。哥龙的大教堂是哥龙的荣耀；单凭这个，哥龙便不死了。这是戈昔式，是世界上最宏大的戈昔式教堂之一。建筑在一二四八年，到一八八0年才全部落成。欧洲教堂往往如此，大约总是钱不够之故。教堂门墙伟丽，尖拱和直棱特意繁密，又雕了些小花、小动物和《圣经》人物，零星点缀着；近前细看，那精工真令人惊叹。门墙上两尖塔，高五百十五英尺，直入云霄。戈昔式要的是高而灵巧，让灵魂容易上通于天。这也是月光里看好。淡蓝的天干干净净的，只有两条尖尖的影子映在上面；像是人天仅有的通路，又像是人类祈祷的一双胳膊。庄严肃穆，不说一字，抵得千言万语。教堂里非常宽大，顶高一百六十英尺。大石柱一行行的，高的一百四十八英尺，低的也六十英尺，都可合抱；

在里面走，就像在大森林里，和世界隔绝。尖塔可以上去，玲珑剔透，有凌云之势。塔下通回廊。廊中向下看教堂里，觉得别人小得可怜，自己高得可怪，真是颠倒梦想。

(一)第一节里，有四语用“不如”的，看上去意思都明白，实际上却省了些字。如果不省，该怎么说?

(二)文言的诗歌，以各语字数整齐为原则。这里两节译诗每语五字，叫做五言诗。诗歌押韵，通常在双数语(第二语第四语等)的末尾。有全诗押一韵的，也有押几个韵的。这里的前一首就是押几个韵的。悒与息同韵。明与云不同韵，但是可通。向与丧同韵。从这里可以知道，所谓押韵，就是把韵母相同的字用在双数的末尾。后一首第二语的市字与第五语(不是双数语)的水字在古时是同韵，照现在声音却不同韵了。

夏季的旅行

/鹤见祐辅 著 鲁迅 译

我所喜欢的夏天来到了。

一到夏天，总想起旅行。对于夏天和旅行，贯着共通的心绪。单是衣服的轻减，夏天也就愉快，而况世界都爽朗起来。所见的自然界的一切，统用了浑身的力量站起。太阳将几百天以来所储蓄的一切精力摔在大地上。在天和地的惨淡的战争中，人类当然不会独独震恐而退缩的。一般人便跳出了讨厌透了的自己的家，扑进大自然的怀里去。这就是旅行。

旅行是解放；是求自由的人间性的奔腾。旅行是冒险；是追究未知之境的往古猎人时代的本能的复活。旅行是进步；是要从旧环境所拥抱的颓废气氛中脱出的，人类的无意识的自己保存的努力。而且，旅行是诗。一切人将在拘谨的世故中秘藏胸底的罗曼底的惰性，尽情发露出来。这种种的心情，就将我们送到山边、海边、湖边去，赶到新的未知的都市去。日日迎送着异样的眼前的风物，弄着“旅愁”呀，“客愁”呀，“孤独”呀这些字眼，但其实同样是幸福的。

在漂泊的旅路上度过一生的吉卜西之群，强有力地刺激我们的空想。在小小的车中，载了所有的资产让马拉着，向欧洲的一村一村走过去。夜里，便在林荫下支起帐幕来，点了篝火，和着乐器，一同发出歌声。雨夜就任它雨夜，月夜就任它月夜，奇特的生活是无疑的。还有，中世纪时，往来于南欧诸国的漂泊诗人的生活，是挑拨我们的诗兴的。

这是多么自由的舒服的生涯啊!并非矿物的我们，原没有专在一处打坐，直到生苔的道理。何况也非植物的你我，即使黏着在偶然生了根的地面上，被袭于寒雪，显出绿的凌冬之操，也还是没有什么意味的。同样是植物，如果成了可可或椰子的果实，在千里的波涛上，漂流开去，不知道要漂亮多少呢。

喜欢旅行的国民，大概要算英国人了。提一个手提包，在世界上横行阔步。有称为“周末旅行”的，从金曜日起，到翌周木曜日止，到处爬来爬去。一冷，是挪威的溜雪，一热，是阿尔卑斯的登山，而且有机会时还要访问南非洲呢。

喜欢旅行的英国人的心情，表现在比人加倍英国气的小说家威尔士的作品里。

他在那《近代乌托邦》里说乌托邦的特色，是一切人们可以没有旅费、言语、关税之累，在世界上自由地旅行。那本书是距今十八年前写的。但据今年出版的小说《如神的人们》说起来，他的旅行癖更加进步了。这回的乌托邦里，是所有的人都不定住在家庭里，却坐了飞机，只在自由自在地旅行。而且那世界里终年开着花，人身轻到几乎用不着衣服。一到这样，乌托邦便必须是常夏之国。而旅行于是也还是成了夏天的事情。

(一)这篇文字的第二三两节，说明人喜欢旅行的心理。

(二)“提一个手提包，在世界上横行阔步…一冷，是挪威的溜雪，一热，是阿尔卑斯的登山”这些话把旅行说得轻松不过。就从这中间，表出了人喜欢旅行的心情。

甲种本

[下]

第二册

生物的历史

/房龙 著 沈性仁 译

我们现在所住的星球，在最初的时候(按我们现在所知道的)，是一个极大的火球，在那广漠无垠的太空中的一点小小的烟云。过了几百万年之后，星球表面上的火渐渐灭了，外皮就结成一层薄薄的石层。这些没有生命的石块，积年累月，不断的受雨水的冲击，便成了沙土尘埃，以后又被带到高峰间的山谷里去了。

后来那太阳从云端里出来，看见这个小星球上有几个小泥潭。过了些时，这些小泥潭逐渐变成东西两半球的大海大洋。

有一天，这星球上发生了一个惊天动地的变化。那死的东西忽然得了生命。

最初的小细胞在海面上浮着，随波逐浪，漂流了几万年。在这些时期内，它们便发展成了一些习惯；有了这些习惯，它们就容易在这个凄凉的地球上生存。其中有的小细胞情愿住在小河与池沼的底里，它们就在那些从山顶上冲下来的黏泥上生了根，以后渐渐的长成了植物。有的愿意在水里来来去去；后来它们长出奇怪的有关节的腿，如同蝎子似的，在海底下的植物之间爬来爬去；或是长成青绿色的东西，像水母那样的。此外还有些小细胞(遍体有鳞的)靠着它们游泳的能力，可以在水里来来去去，寻些食物吃；因为它们逐年的生殖，海洋里就有了无数的鱼类。

同时那些植物也逐渐增加了数目，那时候它们不得不另觅新的住所。海底下已经没有它们的容身之地。于是它们离开了水，在山脚下的泥滩上或池沼里立起新的家来。海潮每天上来两次，将它们全身浸在咸水内。其余的时候，它们虽然很舒服，但为维持它们的生活，很想住到包围星球表面的稀薄的空气内。经过许多年代的练习，它们学会了怎样在空气内往着，如同以前在水里住着那样舒服。它们的杆本增高了，成为树木。以后它们学会了怎样开美丽的花，可以引诱那些大蜜蜂与飞鸟来采它们的种子，传播到各处去，使遍地球上都铺满了绿沉沉的草地，阴森森的树林。

有些鱼也渐渐的离开了海水，它们学会了怎样用肺呼吸同用腮呼吸一样。这种动物我们叫做两栖类，意思就是它们既可以陆居，又可以水居。你在路上看见的小青蛙可以告诉你两栖类种种的快乐。

这些动物出了水，在陆地上渐渐住惯了。有的变成爬虫类(像蜥蜴那样爬的东西)，它们与那些昆虫同享树林里的安静。它们要在软土上走得快些，所以把它们的腿改良了，身体也加长了，直到这世界上充满了许多庞大的动物(生物学教科书上将它们分为鱼龙、斑龙、雷龙三种)，这种动物有三丈或四丈多长。这种动物与象的比例，如同老猫与小猫一样。

有的爬虫类渐渐的爬到树顶上去住着，那时候的树都有十余丈高。不久它们用不着腿走了，但是必须有一种方法使它们能从这棵树到那棵树，来去得很快。因此它们把身体上一部分的皮肉改变成一对翅膀，在身子的两旁支持着；翅膀上渐渐长满了羽毛，又把尾巴当做舵用；这样它们可以从这棵树飞到那棵树，就成了现在的飞鸟。

这时候又发生一件奇怪的事情。所有那些庞大的爬虫类在一个短时期内都死绝了。我们不知道它们究竟为什么死的。也许因为气候骤然改变的缘故。也许因为它们长得太大了，以至于不能游泳，不能走也不能爬；所以它们虽然已经看见了那些大的凤尾草和树木，但是没等爬到，先饿死了。无论它们是什么原因死的，总之百万年的大爬虫类的世界到那时候是完了。

现在的世界却被许多不同样的生物占据了。这些生物都是以前爬虫类的后裔，但是与爬虫类完全不相像，因为它们抚养幼儿是用乳哺方法的。这种生物现在科学上称为“哺乳动物”。它们身上的鱼鳞是脱去了，可也不生羽毛，遍体都是毛发。以后它们渐渐发展，成了许多别的习惯，使它们的种族得到很大的利益，使它们的位置超乎所有动物之上。母的哺乳动物有了卵，怀在肚内，直到孵了小的出来为止。那时候别的动物把它们的幼儿丢在一旁，让它们去受冻受热，还要遇到别的野兽来吃；而那哺乳动物费了很久的工夫，好好的抚养它们的幼儿，保护它们，直到它们长大了，有能力与仇敌抵抗了，才算卸了责任。这样，它们的幼儿有很好的机会可以生存，因为它们从母亲方面学习了许多事情；只要看一只老猫教它的小猫怎样保护自身，怎样洗脸，怎样捉老鼠，你就可以明白了。

这种哺乳动物的情形用不着我多说，因为你的左右都有它们，你已经很知道它们了。你上街去，或在家里，它们天天做你的同伴；你到动物园的木栅后去，还有你远族的堂兄弟在那里呢。

现在我们要讲到人类生活的变迁，他们在一个时期内，忽然抛弃了向来禽兽生活的状况，渐渐的运用他们的思想，来决定种族的运命。

有一种哺乳动物寻食与找住处的能力比别的动物特别强。它们学会了用前足拿食物，由于天天练习的功效，它们的前足变成了手爪的形状。以后又经过了无数的试验，它们学会了怎样使全身在后腿上直立起来，重心可以稳定。(这是一件很困难的事情，人类虽然经过了一百万年的练习，可是每个人在小孩子的时候，还得重新学过。)

这种动物，一半似猿，一半似无尾猴，但是比这两种都强。以后它们成了很有能力的猎户，并且在无论什么样的气候里都可以生活。它们为了安全起见，往往大队同行。它们的幼儿将要遇见危险的时候，它们会发一种怪声去警告它们；又过了几千百年之后，它们渐渐的用喉音来谈话。

这种动物，说来虽然使你不能相信，可的确是你最初的“像人”的祖先。

(一)“死的东西忽然得了生命”什么意思？“死的东西”怎么会“得了生命”，这个问题至今没有解决。科学家正在努力研究，将来总有解决的一天。

(二)下列的话有不精密的毛病吗？“它们把身体上一部分的皮肉改变成一对翅膀。”“现在的世界却被许多不同样的生物占据了。这些生物都是以前爬虫类的后裔。”

蝉 /法布尔 著 王大文 译

我有很好的环境可以研究蝉的习惯，因为我是与蝉同住的。七月初临，蝉就占据了靠我屋子门前的树。我是屋里的主人，门外最高的统治却属于蝉。

蝉初次的发现大致在夏至节。在行人很多，太阳光照着的道路上，有好些圆孔，大小约如人的手指。这些圆孔中，蝉的蛴螬从地底爬出，在地面上变成完全的蝉。它们喜欢顶干燥顶多阳光的地方；因为蛴螬有一种有力的工具，能够刺透焙过的泥土与沙石。我考察它们的储藏室的时候，我是用手斧开掘的。

最使人注意的，这口径不到一寸的圆孔，四边一点尘埃都没有，也没有土堆积叠在外面。大多数的掘地昆虫，例如金蜣，它们的窝外面总有一座土堆。这种不同，由于它们的工作方法不同。金蜣的工作是从洞口开始的，所以把掘出来的废料积叠在地面；蝉的蛴螬却是从地底上来的，最后的工作才是开辟门口的生路。因为当初并没有门，所以不能在门口堆积泥土。

蝉的隧道大都深达十五至十六寸，通行无阻，下面的地位较宽，底端却完全关闭起来。修隧道的时候，那些泥土搬到哪里去了呢？墙壁为什么不会崩裂下来呢？谁都以为蝉用了有爪的腿爬上爬下，会将泥土弄塌了，把自己的房子塞住的。

其实蝉的举动简直像矿工，或是铁路工程师。矿工利用支柱支持隧道，铁路工程师利用砖墙使地道坚固；蝉的聪明同他们一样，会在隧道的墙上涂上水泥。这种黏汁就藏在蝉的身子里，可以用来做灰泥。蝉的地穴常常建筑在含有汁液的植物根须上，蝉从根须取得了汁液。

最重要的事，蝉在穴道内，要能够很便利的爬上爬下；因为到了它可以出去到日光底下的时候，它得知道外面的气候怎样。所以它工作好几个星期，甚至一个月，修成一道坚固的墙壁，便于它爬上爬下。在隧道的顶上，它留着人的指头那么厚的一层土，用来保护自己，抵御外面空气的变化。只要有一些好天气的消息，它就爬上来，隔着顶上的一层薄土，侦察气候的情况。

假使它估量到外面有雨或风暴——纤弱的蛴螬脱皮的时候，这是顶关重要的事情——它就小心谨慎的溜到隧道底下。假使气候看来很温暖，它就用爪击碎天花板，爬到地面上来了。

蛴螬的肿大的身体里的汁液，可以利用它避免地穴里的尘土。蛴螬掘土的时候，将汁液沾在泥土上，使它成为泥浆。于是墙壁柔软了。蛴螬又用肥重的身体压上去，使泥浆挤进干土的罅隙里。因此，它在顶上出现的时候，身上常有许多湿点。

蝉的蛴螬初次出现于地面的时候，常常在邻近地方徘徊，寻求适当地点脱掉身上的壳——一棵小矮树，一丛百里香，一片野草叶，或者一条灌木枝——找到了就爬上去，用前足的爪紧紧的把握住，丝毫不动。

于是外层的壳在背上裂开，露出了里面的淡绿色的蝉。先出来的是头，接着是吸管和前腿，最后是后腿与翅膀。到这时候，除掉身体的最后尖端，已经完全出来了。

其时它表演一种奇怪的体操。它腾起在空中，只有一点固着在旧壳上；它翻转身体、使头向下，花纹满布的翅膀向外伸直，竭力张开。于是用一种差不多看不清楚的动作，又尽力将身体翻上来，并用前爪钩住那空壳。用这样的运动，把身体的最后尖端脱出来，约须半点钟之久。

刚解放出来的蝉还不十分强壮。它的柔弱的身体还没有筋力和漂亮的颜色以前，必须在日光和空气中好好的沐浴。它用前爪把自己挂在脱下的壳上，摇摆于微风中，依然很脆弱，依然是绿色的。直到转成了棕色，才同平常的蝉一样。假定它在早晨九点钟爬上树枝，大概在十二点半丢下它的壳飞去。那壳挂在枝上，有的经过一两个月之久。

蝉是非常喜欢唱歌的。翅膀后面的空腔里带着一种像钹一般的乐器。它还不满足，在胸部又安置一种响板，使得生命器官都没处安置，只能挤到身体的角落里去。当然罗，它既热心于音乐，就只有缩小内部的器官，安置乐器了。

但是不幸得很，它所喜欢的音乐，对于别人，完全不能引起兴味。就是我，也还没有发现它唱歌的目的。通常的猜想，以为它是在叫喊同伴，然而事实证明，这个意见是错误的。

蝉与我做邻居十五年之久，每年夏天，差不多有两个月，它们总在我的眼前，它们的歌声总在我的耳边。我常见它们排列在筱悬木的细枝上，吸管插进树皮里，动也不动的狂饮。夕阳西下，它们就沿着树枝，用慢而且稳的脚步去寻温暖的地方。无论在饮水或行动的时候，它们从未停止歌声。

这样看起来，它们并不是叫喊同伴。你想想看，如果你的同伴就在你面前，你会费掉整月的功夫去叫喊他们吗？

其实，照我想，便是蝉自己也听不见所唱的歌曲。不过用这种强硬的方法，强迫他人听它而已。

蝉有非常清晰的视觉。它的五只眼睛会告诉它左右以及上方有什么事情发生；只要看见有谁跑来，它立刻停止歌声，悄悄的飞去。可是喧哗不足以惊扰它。你尽管站在它背后讲话，吹哨子，拍手，敲石子。要是一只雀子，听见了比这些声音更轻微的声音，虽然没有看见你，便惊慌的飞去了。镇静的蝉却仍然继续发声，好像没有事似的。

有一回，我借来两枝乡下人喜事用的土铳，里面装满了火药，就是最重要的喜庆事也只要用那么多。我将土铳放在门外的筱悬木下。我们很小心的把窗开着以防玻璃震碎。在头顶树枝上的蝉看不见下面在干什么。

我们六个人等在下面，专心倾听头顶上的乐队受到什么影响。砰！土铳放出去，声如霹雳。

一点没有关系，它们仍然唱它们的。没有一个表现出一些惊扰之状，声音的质与量也没有些微的改变。第二声和第一声一样，也不发生影响。

我想，经过这次试验，我们可以断定，蝉是听不见的，好像一个极度的聋子，它自己所发的声音一些也不觉得的。

(一)法布尔是经常与昆虫作伴的。经过精细的观察，他写了一部《昆虫记》；本篇就从是《昆虫记》中摘出的。研究生物，决不能单凭书本；必须与生物接触，才能得到真知识。

(二)读者如果能够养成习惯，随时观察生物，把所见所知像法布尔一样记下来，这是一件极有兴趣又极有意义的事情。

常德的船 / 沈从文

常德这个码头真正值得注意令人惊奇处，无过于船户和他们所操纵的水上工具了。要认识湘西，不能不对他们先有一种认识。要欣赏湘西地方民族特殊性，船户是最有价值材料的一种。

一个旅行者理想中的武陵，渔船应当极多。到了这里一看，才知道水面各处是船只，却很不容易发现一只渔船。长河两岸浮泊着的大小船只，外行人一眼看去，只觉得大同小异。可是事实上形制复杂不一，各有个性，代表了各个地方的个性。

最触目的三桅大方头船，这是个外来客，由长江过湖来的。运盐是这种船的主要职务。大多数只到此为止，不会向沅水上游走去。普通人叫它“盐船”，名实相符。船家叫它“大鳅鱼头”，《金陀粹编》上载岳飞在洞庭湖水擒杨幺故事，这名字就见于记载了，名字虽俗，来源却很古。这种船大多数用乌油漆过，所以颜色都是黑的。这种船按季行驶，要大水大风才能行动。杜甫诗中描绘的“洋洋万斛船，影若扬白虹”，也许指的就是这种船。

比这种盐船略小，有两桅或单桅，船身异常秀气，头尾忽然收敛，令人看了起尖锐印象，全身是黑的，名叫“乌江子”。这种船的特长是不怕风浪，运粮食过湖。它是洞庭湖上的竞走选手。形体结构上的特点是桅高，帆大，舱深，头锐。舱篷比船身小，船舷之外还有护舱板。弄船人同船只本身一样，一看很干净、秀气、斯文。行船既靠风，上下行都使帆，所以帆都整齐。船上用的水手不多，仅有的水手会拉篷，摇橹，撑篙，不会荡桨——这种船上不常用桨。放空船时妇女还可以代劳掌舵。这种船间或也沿河上溯，但数目极少，船身材料薄，不宜于冒险。这种船在沅水流域也算是外来客。

在沅水流域行驶，表现得富丽堂皇，气象不凡，可称为巨无霸的船只，应当数“洪江油船”。这种船多方头高尾，颜色鲜明，间或有一点金漆装饰。尾梢有舵楼，可以安置家眷。大船下行可载三四千桶桐油，上行可载两千件棉花，或一票食盐。用橹手二十六人到四十人，用牵手三十人到六七十人。必待春水发后才上下行驶，路线系往返常德和洪江。每年水大时至多上下三五回；其余时节都在休息中，成排结队停泊着，俨然是河上的主人。船主照例是麻阳人，且照例姓滕，善于交际，礼数清楚；常与大商号中人拜把子，攀亲家。行船时站在船后檀木舵把边，庄严中带点从容不迫的神气；口中含了个竹马鞭短烟管，一面看水，一面吸烟。遇见有身分的客人搭船，喝了一杯酒后，便向客人一五一十叙述这只油船的历史，载过多少有势力的军人、阔老，或驰名沅水流域的妓女；换句话说，就是这只船与当地“历史”发生过多少关系。这种船上的一切东西无一不巨大坚实。船主的装束在船上时看不出什么特别处；上岸时却穿长袍(下摆过膝三四寸)，罩青羽绫马褂，戴呢帽或小缎帽，佩小牛皮抱肚，用粗大银链系定，内中塞满了银元，穿生牛皮靴子，走路时踏得很重。个子高高的，瘦瘦的。有一双大手，手上满是黄毛和青筋。会喝酒，打牌，且豪爽大方，大把银元钞票从抱肚掏出，毫不吝啬。水手大多强壮勇敢，眉目精悍，善于唱歌，泅水，打架，骂野话。白天弄船，晚上玩牌，同样做得极有兴致。船上人虽多，却各有所事，从不紊乱。舱面永远整洁如新。拔锚开船时，必擂鼓敲锣，在船头烧纸烧香，煮白肉祭神，燃放鞭炮；表示人神和乐，共同帮忙，一路福星。在开船仪式与行船歌声中，使人想起两千年前《楚辞》发生的原因，现在还好好的保留下来，今古如一。

比洪江油船小些，形式仿佛也比较笨拙些(一般船只用木板作成，这种船竟像用木柱作成)，平头大尾，一望而知船身十分坚实，有斗拳师的神气的，名叫“白河船”。白河即酉水的别名。这种船行驶于酉水由沅陵到保靖一段。酉水滩流极险，船只须经得起磕撞。船只必载重方能压浪，因此尾部如臀，大而圆。下行时在船头缚大木桡两把，木桡的好处是船只下滩转头时，比舵切于实际。照水上人俗谚说：“三桨不如一篙，三橹不如一桡。”桡读作招。酉水浅而急，不常用橹，篙桨用处多，因此篙多特别长大，桨较粗硕，肥而短。船篷用粽子叶编成，不涂油。船主多永顺保靖人，姓向姓王姓彭的占多数。酉水河床窄，滩流多，为应付自然，弄船人所需要的勇敢能耐也较多。行船时常用相互咒骂代替共同唱歌，为的是受自然限制较多，脾气比较坏一点。酉水是传说中古代藏书洞穴所在地，多的是高大宏敞，充满神秘的洞穴。由沅陵起到酉阳止，沿酉水流域的每个县分总有几个洞穴。可是如沅陵的大酉洞，保靖的狮子洞，酉阳的龙洞，这些洞穴纵有书籍也早已腐烂了。到如今这个流域最多的书该是宝庆纸客贩卖的石印本历书，每一条船上照例有一本。船家禁忌多，历书是他们行动的宝贝。河水既容易出事情，个人想减轻责任。便以为凡事都俨然有天作主，由天处理，照书行事，比较心安，也少纠纷。酉水流域每个县分的船只，在形式上又各不相同：不过这些小船不出白河，在常德能看到的白河油船，形制差不多全是一样的。

沅水中部的辰溪县出白石灰和黑煤，运载这两种东西的本地船叫做“辰溪船”又名“广舶子”。这种船的特点和上述两种船比较起来，显得材料脆薄而缺少个性，船身都作浅黑色，形状如土布机上的梭子。下行多满载这些不值钱的货物，上行因无回头货，便时常放空。船身脏，所运货物又少时间性，满载下驶，危险性多，搭客不欢迎，因之弄船人对于清洁和时间就不甚关心。这种船上的席篷照例是不大完整的，布帆是破破碎碎的，给人的印象如一个破落户。弄船人因闲而懒，精神多显得委靡不振。

洞河(即泸溪)发源于干城苗乡大小龙洞，和凤凰苗乡乌巢河。两条小河在干城县的所里市相汇。向东流，到泸溪县，方和沅水同流。在这条河里的船就叫“洞河船”。因为河源由洞穴中流出，河床又是乱石底子，所以水质特别清，水性特别猛。船身必需从磕撞中挣扎；河身既小，船身也较轻巧。船舷低而平，船头窄窄的。在这种船上的水手中，我们可以发现苗人。不过见着苗人时我们不会对他有什么惊奇，他也不会对我们有什么惊奇。这种人一切和别的水上人差不多，不同处不过是他那点老实、忠厚、纯朴、戆直的性情——原人的性情，因为住在山中，比城市人保存得多点罢了。干城人极聪明文雅，小手小脚小身材，唱山歌时嗓子非常好听，到码头边时可特别沉默安静。船只太小了，不常有机会到大码头边靠船，这种船停泊在河面时似乎很羞怯，正如水手们上街时一样的羞怯。

在河上显得极活动，极有生气，而且数量极多的，是普通的中型“麻阳船”。这种船头尾高举，秀拔而灵便。这种船的出处是麻阳河(即辰溪)。每只船上都可见到妇人、孩子、童养媳；弄船人一面担负商人委托的事务，一面还担负上帝派定的工作，两方面都异常称职。沅水流域的转运事业大多数由这地方人支配；人口繁荣的结果，且因此在常德城外多了一条麻阳街。“一切成功都必需争斗”，这原则也可用作麻阳街的说明。据传说，那条街是个姓滕的水手双拳打出来的。我们若有兴趣特意到那条街上走走，就知道开小铺子的，做理发店生意的，卖船上家伙的，全是麻阳人；我们就会明白，原来参加这种争斗，每人都有一分。麻阳人的精力绝伦处，或者与地方出产有点关系。麻阳出各种桔子；糯米也极好，作甜酒特别相宜。人口加多，船只也越来越多；因此沅水水面的世界，一大半是麻阳人的。大凡船只停靠处，都有叫乡亲的麻阳人。乡亲所得的便利极多，于是平常外乡人坐船时都叫麻阳人作“乡亲”。乡亲的特点是面目精悍而性情快乐，作水手的都能吃，能做，能喝，能打架。船主上岸时必装扮成个小乡绅，如驾洪江油船的大老板一样穿袍穿褂，着生牛皮盘云长统钉靴，戴有皮封耳的毡帽或博士帽，手指套上分量沉重的金戒指，皮抱肚里装上许多大洋钱，短烟管上悬个老虎爪子，一端还镶包一片镂花银皮。见人就请教仙乡何处，贵府贵姓。本人大多数姓滕，名字“代富”“宜贵”。对三十年来的本省政治，比起任何地方船主来都熟悉，都关心。喜欢讲礼教，臧否人物，且善于称引经典格言和当地俗谚，作为谈天时张本。恭维客人时必从恭维上增多一点收入；被客人恭维时便称客人为“知己”，笑嘻嘻的请客人喝酒。妇女在船上不特对于行船毫无妨碍，且常常是个好帮手。妇女多壮健能干，大脚大手，善于生男育女。

在常德水码头，船身极小，飘浮水面如一片叶子，数量之多如淡干鱼的，是专载客人的“桃源划子”。木商与烟贩，上下办货的庄客，过路的公务员，放假的男女学生，同是这种小船的主顾。船身既轻小，上下行的速度较之其他船只快过一倍，下滩时可从边上小急流走，决不会出事。在平潭中且可日夜赶程，不会受关卡留难。因此在有公路以前，这种小小船只是沅水流域的交通利器。弄船人工作不需怎样紧张，开销又少，收入却较多。装载的客人且多阔老，同时桃源县人的性格又特别随和(沅水一到桃源后，就成为一片平潭，再无恶滩急流，自然影响到水上人性情很大)，所以弄船人脾气就马虎得多。

在沅水流域上下行驶，停泊到常德码头应当称为“客人”的船只共有好几种。有从芷江上游黔东玉屏来的，有从麻阳河上游黔东铜仁来的，有从白河上游川东龙潭来的。玉屏船多在洪江转口，下行不多。龙潭船多在沅陵换货，下行不多。铜仁船装油碱下行的，有些庄号在常德，所以常直放常德。船只最引人注意处是颜色黄明照眼，式样轻巧，如竞赛用船。船头船尾细狭而向上翘举，舱底平浅，材料脆薄，使人视觉上感到灵便与愉快，在形式上可谓秀雅绝伦。弄船人语言清婉，装束素朴；有些水手还穿齐膝的长衣，裹白头巾，风度整洁和船身相称。船小而载重，所以下行时船舷必缚茅束挡水。这种船停泊河中，仿佛极其谦虚，一种作客应有的谦虚；然而比同样大小的船只都整齐，一种作客不能不注意的整齐。

此外常德河面还有一种船只，数量极多，有的时常移动，有的又长久停泊。这些船的形式一律是方头，方尾，无桅，无舵。用木板作舱壁，开些小小窗子，木板作顶。有些当作船主的金屋，有些又作逋逃者的窟穴。船上有招纳水手客人的本地土娼，有卖烟和糖食、小吃、猪蹄子、粉面的生意人。此外算命卖卜的，圆光关亡的，也可以从这种船上发现。船家做寿成亲，也多借这种水上公馆举行。因此，一遇黄道吉日，总有响器声，弦索声，大小炮仗声，猜拳歌呼声，点缀水面的热闹。

(一)谈常德的各种船，就有这许多篇幅，材料的来源，一半靠实地的观察，一半靠广博的调查。如果不作观察和调查的工夫，那是一句也说不来的。

(二)读者不妨采取这一篇的方法，就某地的某种现象(如商市，车辆，小贩，气候变化)加以观察和调查，然后写成文篇。

千佛洞的壁画 /向锦江

千佛洞没有像龙门那样的雕刻，只有塑像、壁画却特别多。这是有物质的原因的。千佛洞的岩石，不像重庆防空洞似的全部是整块石头。那是一种砾岩，由无数卵形的小石子和泥土混凝而成，很像水门汀铺的路面的底层，可没有那么牢固，只凭一些石灰质粘住，质地很松。记得我随同研究所的工作人员爬三百号外的几个高洞时，梯子和绳索在岩壁上稍一磨擦，沙石就纷纷落下来。有时向上爬，用手攀住岩石凸出的地方，只要用一点力，也有同样的情形。这种岩石是不宜雕刻的。千佛洞除了一些泥塑像之外，有两座大佛是先依岩凿成粗坯，然后敷上泥土塑成的。所以《大唐陇西李府君修功德碑记》上有一段说：“……遂千金贸工，百堵兴役，奋锤坔壑，楮石聒山，素涅槃像一铺，(以下列举了很多佛像石称)初坯土涂，旋布错彩，豁开石壁，俨现金容。”雕刻既不能发展，壁画就充满了大大小小的洞窟。画壁画也是先用刷墙的方法，将凹凸不平的砾岩敷平，涂上白粉，然后开始作画。正因为作画须有这许多手续，有的人贪图省事，在前代已经陈旧的壁画上刷上一层泥土，便作新画。张大千先生在敦煌作画有两年之久，他发现画后有画，曾经从事剥离的工作。例如在C.20洞中，把宋代的壁画铲去，在下面一层的唐代绘制的供养人壁画便显露出来。不过这个工作是不容易作的，弄得不好，里面的画没有揭出，外面的画倒先毁坏了。

敦煌倘不是在空气干燥的戈壁中，那些壁画便不能保持得这么长久。许多洞中的画，现在还完好如新，金碧辉煌，说不出的好看。但也有变色的，如魏洞中的壁画特多赭黑色，据研究所董希文先生的壁画变色研究，这些部分原来都是原红色，后来变黑的。另外我们也见到一部分洞中的壁画，因当时粉刷技术不好，颜色点得不牢，时间愈久，脱落愈厉害，有些洞中便只见一片斑驳了。

各洞的壁画是从洞口起把四壁画满，不留一点空隙，连顶上也画满。各个朝代的洞里，壁画的布置和内容都不同。魏洞佛龛在中央、四壁都画佛像。四壁的下端有的画供养人的像，有的全是力士像。佛顶天花以及四壁上端，常画“飞仙”。洞顶天花常用图案，中央的方块称为“藻井”，也用图案。唐洞的壁画，正面佛龛两旁常是文殊普贤两位菩萨的像，一个骑狮，一个骑象。洞的左右两壁都是“经变”——采取佛经的内容变作图画，与“变文”的取义相同——或故事画。下端有时也是供养人像。洞门进去后看到的两侧常画观音和天王像。洞顶天花也用图案装饰。宋洞中画“经变”的极罕见。两壁往往是成排的佛像，不然就是从上到下一列列的小千佛。天花藻井也是花草图案。

魏洞壁画以C.213和218号洞中的“佛舍身饲虎事迹”的巨幅为代表作。画的中央是佛正在等虎来吃他，四周画了众多的佛弟子，神色是无限的惊怖，悲怆，各人有各人的姿态，其中有几个呼天抢地的样子，表现悲痛，深刻有力。全幅色调虽因年久而暗淡了，但还可以想见原有的那种强烈。用笔的粗犷雄伟，为国画中所罕见。研究所常书鸿先生用油画材料照着原画临摹了一部分，不知道的人还以为是欧洲现代画派的作品，哪里知道却是千年前的古画。并且，魏洞中所画的佛像或人物，大半是裸体的，两臂胸腹都袒露出来，下面腿和脚也露在外面，只在肚脐下系上一条裙子，臂间又有飘带从头顶绕过，穿过肘间，飘拂而下；胸脯和肚皮凸出的部分都用明暗的色彩表现出来，连肘间骨节同手腕指节也将凹凸的地方画出。记不清是哪一个洞中了，四壁画成一个个很大的顶为穹形的长方框子，每个框子中画一个佛，姿态活泼极了，有的仰头举手，有的偏着头，一手向上扬，有的一手舞带，一手撒花……没有雷同的。各洞的飞仙也是魏洞的最美，大都是半裸体的。我在C.192号洞中看到的一个，手里拿的好像是箜篌，飘浮在空际，姿态柔和极了，仿佛游泳的人鱼；身旁用许多带子装饰，也极流转自如。像这样的绘画，在内地佛寺中是绝对看不到的。

魏代的壁画写实成分较多，唐代的壁画却特别富于装饰味。许多大幅构图，都能把繁复的题材，众多的人物，安排得恰好，而且往往是对称的。例如唐洞壁画中常见的歌舞场面，舞蹈的人都成双数，那翩跹的舞姿和飘扬的舞带往往对称，乐队不管多少，必然分开两边坐着吹弹乐器。这样的大幅壁画，在唐洞中为数不少，用色是力求富丽，笔调都极为精致细腻。唐洞中的故事画也很丰富，美不胜收。在C.132洞中，一个手里拿着一种烧香器皿的女性侧像和另一个半跪的女性侧像，姿势的柔美绰约是难以形容的。这是初唐的画，所以还有魏代人物画中所有的显露人体优美曲线的地方，但线条细致多了。故事画方面最杰出的一幅巨构，是晚唐张义潮所修的C.300号洞中的“宋国河内郡夫人出行图”。这幅画在墙壁的中间一段，由佛龛的右侧起，直到左侧止，仿佛长手卷。全部仪仗中人物很多，布置得很调谐，从头到尾没有懈笔，真可赞叹。这幅画也充满趣味，可以考见当时风俗的一斑。至于供养人像，唐洞中也有画得很好的。如C.10,300等洞都有男女供养人像，笔致流利生动，唐代的人物画真是精绝。此外，唐洞壁画中的图案，有的式样极好，而且类似西洋图案。千佛洞中的壁画不仅在艺术上有极大价值，并且是研究古代服装、器皿、乐器等等的极好资料。就服饰来说，在C.268洞中，有两个年青女郎亲昵地靠在一起，都穿的赭红色有银色小花的长袍，骤然一看，竟像旗袍。站在后面的一个，长袍上还加上一件短仅及胸的蓝色短外套，更像个摩登女郎了。然而她们穿的却是唐代服装。又有一个洞中见到，那女供养人的服装非常像日本女人的和服盛装——这也是日本文化承受我国唐代文化的证明。从前形容女子的眉毛叫“黛眉”，我在魏洞中看到有些菩萨像的眉毛都是绿色的——大概以前较深，现在褪成绿色了。我们读《木兰辞》，其中有一句“对镜贴花黄”，贴在哪儿呢？头发上是只能“插”没法儿“贴”的。这次我在C.75洞中看到宋代曹廷禄家属中的女人，脸上都贴着花，有的是小凤，只有豌豆大，大都贴有八九处之多，远看像麻子。但在那个时代，竟是贵妇人的美丽化装，仿佛现在有些姑娘们在唇边贴上假痣似的。其余如乐队中的乐器，使你叫不出名字的玩意儿有的是，在这里，我不能一一说出来了。

(一)从第四世纪起，敦煌是东西交通的枢纽。敦煌再往西，经过新疆青海直到北印度，是当时的国际路线。东方西方的商队，赶着骆驼骡马，带着各地物品，来来往往，都要经过敦煌。到了元代，海运渐渐发展，这条通路又渐渐被流沙掩没了，敦煌这才没落下来。敦煌繁荣的时候，佛教传入正盛，富商达官往往在那里凿窟奉佛。凿得多了，就有了千佛洞的名称。

(二)敦煌地当交通要道，外国的画法可以传到那里，外国的画工可以跑到那里。因此，那些画的技术必然含有外来成分。

在沙漠中

/赫定 著 绮纹 译

黄昏时候，西方升起了密云，钢铁一般的颜色，似乎要下大雨。云展开来，更加浓厚了，我们看见了说不出的欢喜。我们将空水箱打开摆着，将帐幔平摊在地面上，几个人分别握着帐幕的角。可是等待又等待，云慢慢地向南方移去了，没有给我们一滴水。

穆罕默德沙断定说，我们一定是给鬼迷住了，永远出不了这个沙漠了。伊士南拜却满不在乎地说："骆驼一只一只地先死，然后轮到我们；这是世界上最自然的事情。"约尔奇嘲笑我的罗盘，说它欺骗我们，引我们兜圈子。他说，无论我们每天走多少里路都不中用，最好还是不要徒劳吧，几天之后我们总要渴死的。我努力说服他，说罗盘是靠得住的，以往我们都是向东方走，太阳的位置也可以证明。他不理会这些话，他以为尘雾和鬼怪弄得人们连太阳也不敢相信了。

四月二十八日，从东北吹来的非常猛烈的风暴唤醒了我们；一阵阵对面不见人的沙云吹进我们的帐幕。黄灰色的沙风猛然冲上沙丘，又颓然从顺风的坡面卸落。我裹着皮大衣躺在露天底下，头上戴着风帽，一朝晨简直埋葬在沙里。这是我们此次旅行所遇着的最难当的风暴，一种"黑风"，将白昼变成黑夜。

因此我们走路就加倍困难。四周围什么都看不见；但空气是凉爽的，风使我们忘了口渴。

今天尤其需要会合在一处了，不容我先走；我的足迹立刻会不见的。若是看不见了大队的话，无论你叫喊，放枪，在咆哮的风声中都听不见；那时候一定是毫无办法地丧了命。惟有最近的骆驼才看得见，其他一切都消失在昏黑里。

风吹动的时候，其中含有几万万颗沙粒发出奇特的嗯哨声音，这声音在古时已经助成了马可波罗的幻想。他描写大沙漠的恐怖情形说："白昼里人们也听见鬼怪说话，有时有无量数乐器合奏的声音，有时还有打鼓声。所以在此地旅行的人必须紧紧地会聚在一起，牲口也须挂铃在颈上，以免迷失。晚上，为了确定第二天行程的方向，必须立下个标记。"

中午时候还是黑得不见天日，有时好一些，也只有一种昏暗的由黄红色直到灰色的不定的光。风暴若是对面吹来，我们就必须止步，免得窒息而死。那时候我们蹲下来，将面孔躲在骆驼背后。畜牲也要躺着，尾巴对着风，颈项伸在地面上。

一只小骆驼显然要完事了；它踉跄地走着，四肢颤抖，它的眼睛是无光泽的玻璃似的颜色，下唇悬垂着，鼻孔张开。约尔奇牵着它，在我们背后。

我们正在勉力地越过一个沙丘，丘脊上风暴加倍猖獗，猛烈地朝东方冲下一个丘谷去，那里的沙有一部分是平坦的。这时候约尔奇急急忙忙赶上来，只怕与我们失散了。那只骆驼再不能越过这个沙丘了，它倒下来，立刻侧身而卧，无论如何不会站起来了。我派两个人回去看看骆驼是死是活。他们消失在沙雾中几分钟，就回来了。足迹已经看不见了，他们没有勇气远离我们。我们旅行队的第三只骆驼就这样丧了命。

对于这个损失，我们已经漠不关心了。要紧的是拯救我们自己的生命。第二天出发的时候，每个人都在想：不知道轮到谁先做牺牲品。

晚上七点钟，铃又响起，这是最后一次了。为了节省我的气力，我有个短时期骑在那只白骆驼上，那是最强壮的一只。伊士南拜慢慢地牵着骆驼在沙丘中间走；喀沁押队，一面赶着骆驼。

我们要离开这“死营”了。约尔奇便爬进帐幕里，睡在我的铺位上。他始终在咀嚼那羊肺，津津有味地把其中的水分咽下去。

穆罕默德沙还是躺在那老地方。我走到他那里，唤他的名字，他圆睁着那双灰色的昏乱的眼睛看我，可是他的脸上表现出安静和快慰，好像在等待下一瞬间进入天堂似的，他在《可兰经》里时常读到天堂上如何快乐的话。他的容貌改变得很可怕，而且皱缩了，成个小老头子，惟有脸上的古铜色还带一点生气。他呼吸得非常迟缓，时时喘气。我抚摩他的干枯的皱襞的前额，将他的头放舒服一些，然后抑制了我的悲伤，从从容容对他说：我们现在要向东方出发了，不久便提了满满的水壶回来；他该静静地躺在这儿，等到气力恢复之后就沿着我们的足迹走去，为的缩短他和我们的距离。可是我很明白，我们再见不到他的面了，几点钟之内他就要脱离这个愁苦的尘世了。他喃喃地说话，我们只听懂了“阿拉”两个字；他要抬起手来。他已经入于弥留状态了。我的心碎了，我责备我自己，这个生命的丧失该由我的良心负责的——在这样的心境之下，我离开了这个临死的人。

我也同约尔奇告别，并且叮嘱他跟着旅行队的足迹走来，惟有这样做才能救得他的生命。

奇怪的是剩下的六只母鸡还是活泼泼地叫着，这时候正高高兴兴地啄食那只杀死的羊。它们的生命靠这只羊还能支持好久，所以我们不杀死它们。它们也许能供我们利用，如果我们得到了水回到这里。约尔达希依然忠实地跟随我们，但是他瘦得只剩一副骨架了。

在第一个沙丘顶上，我回转头来再看一下那个“死营”，我们两个伙伴就托给它的命运了。那座帐幕竖立着成个黑色三角形，在明亮的西方天空之前。一会儿沙丘将它遮掩了，我心里反而觉得轻松了些，从此不再回头了。

在我们面前是黑暗和险恶的沙海。我的生命力好像刚觉醒过来。只要我还能像一条毛虫似地在沙上爬，我总要把这生命力保持得活泼而新鲜。我的身体里爆发一种难以抑制的求生欲望。我年纪还轻，不肯糊里糊涂死在沙漠里。我损失太多了，我还巴望生命给我很多东西。不要死!这便是当时支配我并且驱策我前进的唯一的念头。

但是前进很慢，令人失望地慢!在一个沙丘脊上，一只骆驼倒地了，立刻伸长四肢挺着脖子死去。它消失在我们后面漆黑的夜色之中。清朗的空中虽然闪耀着星，但是星光太微弱，照不见凹凸不平的地形。沙丘时常阻止我们前进。

剩下的四只骆驼也时常站住不肯走。有好多次，我们走过长长的一段路之后，才发觉穿鼻孔的绳结已经散开，走失了一只骆驼；我们只好回头去寻找。

伊士南拜似乎也要完结了。痉挛性的呕吐时时使他停步，他的肠胃愈空虚，身体愈没有力量。痛得厉害的时候，他在地上打滚，伸伸缩缩像一条毛虫。

我们就这样在沙丘中摸索着，比蜗牛还走得慢。我点起灯笼，徒步先走，寻求最容易走的道路。罗盘引我向东方走。灯笼投射黯淡的光线在沙坡上。我得不断地停住脚步，后面的铃声愈响愈远了。

夜间十一点钟左右，终于听不到铃声。我将灯笼放在一个沙丘顶上，自己坐下来休息。漆黑的夜和寂静笼罩着周围。我闭住呼吸听着，静待远处传来声音，并且向东方窥看，是否有牧人焚火报知和阗河森林临近了。但是什么都看不见；那么寂静，连我自己心脏跳动的声音都听得清楚。

最后，铃声又传来了，铃声相隔的时间愈来愈久，但是终于靠近了。旅行队走到我所坐的丘顶的时候，伊士南拜踉踉跄跄地走到灯笼跟前，就扑倒在地下，低声喊道，他一步也不能前进了，他要死在他躺的地方。

悲剧的最后一幕演出了。现在我没有别的办法，只有尽我的力量向东急走。我立刻同伊士南拜告别，叫他在夜凉中休息几个钟头之后起来赶我，骆驼及一切东西都丢下不管。他没有回答，仰天躺着，张开大口，凝视着天空。

喀沁还能陪我走。我带走两个记时器、罗盘、小刀、铅笔和纸，一罐龙虾，一盒可可，还有十支纸烟——这并非有意，是机械地带走的。喀沁带着掘井用的铁铲，水桶和绳索。水桶内他装着那只羊的肥尾巴，几个馒头和一点羊血。匆忙之中，他遗忘了他的帽子，以后就必须把我的手巾借给他，免得他中暑。

带走的食品没有帮助我们什么，因为喉咙的粘膜那么干燥，我们什么也吞不下去，都要吐出来。但是在难忍的口渴中，饥饿感也完全消失了。

我们舍弃旅行队的残物的时候，恰好是午夜十二点钟——不久之前，这旅行队还是那么阔绰，伊士南拜没有望我，惟有约尔达希还在目送我们的背影。灯笼还点着放在伊士南拜身边，一时间做我们的灯塔，使我们明白走过的距离和方向。但是不久之后，它的黯淡的光辉便给沙丘遮掩了，包围着我们的又是伸手不见五指的黑夜。

(一)沙漠中旅行的困难，一般人很难想象。这里摘选的是实地经历的纪录，读过之后，该可以增进不少见识。

(二)这里摘选的文字是两节。前一节注重在什么？后一节注重在什么？

成都农家的春季/叶至诚

从松潘到成都那一段岷江好比没人修剪的大树，这儿分出一枝，那儿又出一桠。成都平原正好在树梢上，又密又乱的枝桠结成个网。紧贴着那些细枝小桠，一座座院子坐落在那儿，好比大树的果实。

除了阴历正二月间疏浚内江那三四十天，溪沟里至少有大半沟水轻快的流着。随时可以引来灌田取来喝。溪沟边放上一两块大卵石，农妇蹲在上边，清洗衣服跟蔬菜。

疏浚内江了，溪沟里的水一天比一天静，一天比一天浅，一天比一天清。

小溪沟里干了水，只凹下去的地方还有褐色的泥浆，连晒上几个太阳，泥浆也干了，整条溪沟干巴巴的躺着。去年修平正的沟底，给水冲了一年，积下不少泥沙。这时候，就见沟底起着皱，一楞一楞，鱼鳞似的。有些地方壅着一大块泥土，上边是成片的青草，怪有劲的，比岸边上的还嫩，还肥。有些地方岸边给冲坍了，大块的泥土滚在沟里，缩紧了那儿的沟道。

都江堰开堰前十几天，做庄稼的提了锄头去疏浚自己田旁边院子旁边的溪沟。挖掉一年来堆积在沟底的泥沙，坍塌在沟里的泥土，把沟道修得平平整整的。他们管这个叫“迎新水”，沟道修平整了，好让新水走得顺利而愉快。

溪沟一边傍着小路，灰白颜色，鸡公车的轮子在路面划了一两条曲里拐弯的槽。难走呀，这种路。把沟里挖起来的泥土顺便往小路上抛，用锄头轻轻扒平，至少也有个把月可以走平坦路。方便过路的，也方便自己。

小路另一边的田里，嫩绿的油菜一股劲儿的伸长着身子，已经有几棵透出了米大的花苞。麦子也不弱，欣然的挺着长叶子。蚕豆叶颜色顶深，有点近乎黑。绕在蚕豆茎上的豌豆苗可绿得鲜。稍远一些，就有两排桤木树立着(偶而夹一两棵长小叶子结圆果实的苦楝，或者枝干粗大，皮子裂开的杨树)。夏天，这些桤木树长满了阔大的叶子，遮住了不少阳光，正是歇凉的好所在。现在，粗枝上还只缀着星星儿的绿，要走近才看得见。远远望去，笔直的树干挺出些枝椏，全作深褐色。

一沟水流过两排桤木树中间。在这儿拐个小弯，在那儿曲几曲，树就顺着沟道这么一弯一曲的排列着。桤木树做不来家具造不来屋，虽说树干有松柏那么直，质地可太松。然而桤木贱，容易长，栽下去听它自个儿大起来，甭花人工照料。冬月间，挑大的，砍它几十棵卖了过年，留下些，正月里烧腊肉风鸡吃。

灌县到成都短短一程路，水平面却相差很远，水急急忙忙的流过，时常把沟岸的泥土带走。于是沟的两边儿凹了进去，沟岸跟三峡里看见的那些奇石一样，大半截临空悬着。会有一天，沟岸感到太累，一下子坍下来赖在沟里，不再让人在它身上走来走去。桤木贱，容易长，栽下一两年，树苗就成了粗树干。根和根须全死命的往泥土里钻。树一多，年代一久，沟岸上随便哪块土，一锄头下去总不容易挖起来，连连牵牵的根须把泥土团得紧紧的。水急急，忙忙的流过，当然还是带走些泥土，可是沟的两边儿不再那么快的尽往里凹了。

冬月间砍了桤木树，那些空缺得插树秧填补。桤木秧有五六尺高，圆周大约跟二十分镍币相当，一些叶芽贴在光干儿上，二三月间有人成担成捆的挑着卖。溪沟边，细干儿根旁围着一圈湿泥的，就是今年新插的树秧。

在两行桤木树的拐角儿上，竹子成丛，像个土墩模样，竹子高头又矗起些柏树。靠着小溪沟，这样的竹丛，隔一段就是一个。围在竹丛中间的是庄稼人的院子。多舒服，家家竹树环绕。

这些院子疏疏落落的散在田野间，像大家庭的各房兄弟一样，互相呼应，互相照顾。瞧!这边三家，那边五家，隐在桤木树后边还有。

试看其中的一家。那家两面是小沟，两面靠水田。沿沟一排“百夹子”(一称竹子的名称)，当着院子的大门。“百夹子”挤得个紧，暗绿色的叶子底下，有好些枯叶给挤住了掉不下来，竿子绿得发黑。才一个大人高的竹子有这样颜色，像三岁小孩子生胡子一样老气横秋。一枝树椏押在“百夹子”外面，不知道生出叶子来是什么样儿。靠左边“百夹子”留下个空挡，可以看作那家最外的一道门。空挡两旁各栽一棵柏树，都有两根“百夹子”高，更显得这空挡像个门了。两块木板平铺着，一头搭进空挡，一头搭在小路上，板上铺一层泥土，好好的一座小桥。那家另外的三面全栽慈竹。这种竹子越往上长越细，长到顶上跟柳条一样倒挂了下来，没有枝叶，光溜溜的一根，像渔翁的钓鱼竿。

过了正月初五，不该光是要了，做庄稼的就砍了“百夹子”跟慈竹，编制一年里头要用的扫帚畚箕之类。往后去没有闲空日子编制这些东西了。还有余多工夫，就劈好一扎一扎的篾条，预备编补篱笆。

就在修整小沟的那些日子，做庄稼的把条凳放在溪沟里，坐在那儿编竹篱。条凳一头放了好几根篾条。劈刀砍下竹枝来，用篾条紧紧拴上“百夹子”。太阳不很热，晒着可也够暖和，穿单衫还得淌点汗水。那个用来点火吸烟的火笼子放得远远的。要是不吸烟，一边儿编竹篱，一边儿哼山歌：“梔子花，满树开。隔壁子大嫂过来采，手攀梔子椏，脚踩桅子干……”那些院子，哪边栽了慈竹就不用墙，进来就是屋子，得特别谨填，竹篱外还加上长刺的“铁犁耙”。

有些院子，在那高出竹子的柏树上，竖起个稻草编成的方块儿。矗得高，又是黄的，在绿的背景里，一眼就望得见。这是一架不出声的话匣子，表出的话是“这儿有菜秧卖，这儿有菜秧卖。”

家里人手多，又都勤快，冬月间撒些海椒种子，正月间再下些茄子跟豆类瓜类的种子，正二月间先先后后透芽子，发育了，卖出去也可以补贴零用。

头回撒海椒种子的时候，正吹着西北风，得在特别暖和的场合才会透芽。用稻草编成个长方形的秧床，两尺多高，中间铺一尺半光景高的牛粪，再加上七八寸筛过的细泥。牛粪随时放出热气。白天晒了太阳，到晚又用草笆盖上，秧床总是暖暖的。海椒种子这才抽出了细芽，慢慢儿长着，长着。

一天用细孔水壶洒几回水，要洒均匀，哪一块也不让它吸水太多。看见不成样的菜秧顺手拔去。菜秧长到相当大，稻草编的方块儿就高高的矗了起来，等人家来五十一百的买去。正月末尾开始卖头批菜秧，卖了再下种子，长大了又卖，一直卖到菜花黄成一大片的时候。

做庄稼的虽然靠着溪沟住，可不常吃鱼，买一斤鱼得花不少钱。溪沟里又老是大半沟水，没有网别想捉住一条半条。用钓钩钓吧，做庄稼的哪有这么多闲工夫？趁都江堰“岁修”那三四十天，捉些鱼来，吃它个痛快。瞧，大溪沟里的水多浅，才只齐腿肚子，流得多慢，用板子闸上，得好半天才涨一板高。沟底那些绿油油的水潭里，该藏着多少好鱼。瞧，那头游过一条，刷的，银亮，大着呢。

小孩儿们爱上水才没过脚背的那些地方去叉鱼，只要眼快手快，甭花多大气力。鱼叉才筷子那么粗，叉来的鱼也只够喂猫儿。他们可不嫌弃这个，抽空儿就三个五个拿着鱼叉，提着小桶儿往沟里去。“这儿一条，快!快!看到没有？”“跑了，跑了!”“这儿来了，快点儿!”“不要闹，不要闹，要悄悄默默才行。”

大人不常干叉鱼这种玩意儿。要捉鱼，“戽”，“照”。照鱼得在新水来了过后，烁亮的火把照在水面上，鱼儿成群的游上来了。那时候蚕豆(当地人叫胡豆)晒干了，一棵棵焦炭似的排列在田里，等待“剥胡豆的”到来。菜子也焦黄了，眼见就要爆开荚壳，弹出里面的小子子来。虽说照鱼是晚上的事儿，白天田里做累了，也就不很乐意少睡小半夜的觉去照鱼。拦水灌田的时候也可以照鱼，却又是白天更忙的时节。因此，一年里看不到几回照鱼。戽鱼可就常见了。这一段溪沟鱼多，沟底有这么些鱼儿藏身的好地方，水又不太深，几个伴儿能把它戽干，就戽这一段吧。先顺着溪沟往上流走，走到这条溪沟跟另外一条分叉的地点，用板子跟泥土做起一个闸，教水尽往另外那条流去。又在要戽的一条沟里筑起几道土埂，把它截断，一小段儿一格，一小段儿一格。于是打顶下面的一格戽起，木桶子，洗脸盆，能把水往外泼的家伙全用上了。一条条白水射出去，落在格子以外的水面上。水里水面全是激荡的声音。直到桶子脸盆泼不出水来了，就提起虾耙在格子里捉鱼。捉过一格，跟着戽第二格，第三格……

戽一次鱼可以弄到两三斤。同去戽的若不是自己人，就围住盛鱼的桶子分，动了手全有份儿。

进了新年，连着一两个月不下雨。都江堰开堰的时候，天气转潮湿了，转暖和了，几天雨一下，新水给引了来，大溪沟里水眼看着涨。涨上尺多高，就一股股的淌进修得平平整整的小沟，做这一年间流水的开路者。

下一阵雨暖一点，下一阵雨暖一点。田里成了整片的黄。在大太阳底下尽望着，眼睛要发花，阖上眼皮，大片儿的黄还在眼前照耀，浮动。各个院子的竹丛打大片儿黄里突起，绿叶子那么厚，分不清哪些长在哪根竹竿上，整个儿是一堆绿。风吹过，绿竹轻轻摇摆，发出撒撒的声音，像蚕儿吃桑叶，像细雨打上草屋顶。住乡间，这一点绿不希罕，可是夹在一片耀眼的黄里，就显得特别可爱，有别地方的绿所没有的好处。

几家院子旁边，新绿的高树忽然翻出白色，梨花开了。密密的缀满一树，白得像廉价的鹅蛋粉，没有一点儿光彩。前些时光干子挨着墙现出可怜相的李树，也精神起来了，笼着一树的白，小花朵一簇一簇的，堆得很厚，仿佛积雪。开了，桃花。开了，杏花。庄稼人院子里常栽些果树，只是不多，三两棵，稀稀的。绿的世界里添上桃花杏花那淡淡的红，越发加浓了春意。也开了，樱桃花。樱桃花红得比杏花更淡，娇艳里透着雅素。

大姑娘们高兴，会采几朵桃花来戴。此外没有人采花了。要看花，对着树枝看就是，折下来供在屋子里是多事。能结果子的，留着结果子，别去动。不结果子的，也随它自开自谢。

“剥胡豆——剥胡豆——”天才蒙蒙亮，连做庄稼的也没有全起身，田间一声接一声的吆喝着，迟缓而响亮。

女人小孩聚了一大群，帮大庄稼剥胡豆。哪一家需要人手，听到吆喝，就把他们留住。各人拿一件盛豆子的家伙，坐在田里剥，一边儿摆龙门阵，反正嘴空着。剥下多少豆子，计升取报酬。手脚快的也很能挣些钱贴补家用。家里不种田的，或是种得少的，在这个时期，女人小孩全赶早出外，帮人家剥胡豆。

“剥胡豆——剥胡豆——”吆喝着，吆喝着，菜子全收了，种菜的地灌了水，待牛耕过做秧田。

“剥胡豆——剥胡豆——”吆喝着，吆喝着，麦子熟透了，重重的麦穗低了头，麦杆弯起了背，要是刮一阵大风，就成片的倒地。

“剥胡豆——剥胡豆——”吆喝着，吆喝着，天气交了初夏。晴天清早，成都平原西边露出一条带子，洁白明亮，反映着玫瑰色的光。那是雪山。太阳升了起来，玫瑰色的光收敛了，一会儿，整条带子也隐没在绵绵的白云里了。

(一)这一篇杂写成都农家生活的各方面，时令限于春季。说法与闲谈相近，谈谈这个，谈谈那个，按文字门类说，就是“随笔”。

(二)关于整洁溪沟，桤木护沟，种菜秧，捕鱼，都谈得很详细；教别地方的人看了，能够知道那是怎样一回事，并且仿佛看见当地的情景。

(三)末了儿三次用“剥胡豆——剥胡豆——”作每一节的开头。那三节里所写的就是春末夏初的景象了。

北平的夏天 /老 舍

在太平年月，北平的夏天是很可爱的。从十三陵的樱桃下市到枣子稍微挂了红色，这是一段果子的历史——看吧，青杏子连核儿还没长硬，便用拳头人的小蒲篓儿装起，和“糖稀”一同卖给小姐与儿童们。慢慢的，杏子的核儿已变硬，而皮还是绿的，小贩们又接二连三的喊：“一大碟，好大的杏儿喽!”这个呼声，每每教小儿女们口中馋出酸水，而老人们只好摸一摸已经活动了的牙齿，惨笑一下。不久，挂着红色的半青半红的“土”杏儿下了市。而吆喝的声音开始音乐化，好像果皮的红美给了小贩们灵感似的。而后，各种的杏子都到市上来竞赛：有的大而深黄，有的小而红艳，有的皮儿粗而味厚，有的核儿小而爽口——连核仁也是甜的。最后，那驰名的“白杏”用绵纸遮护着下了市，好像大器晚成似地结束了杏的季节。当杏子还没断绝，小桃子已经歪着红嘴想取而代之。杏子已不见了。各样的桃子，圆的，扁的，血红的，全绿的，浅绿而带一条红脊椎的，硬的，软的，大而多水的和小而脆的，都来到北平，给人们的眼、鼻、口享受。

红李，玉李，花红和虎拉车，相继而来。人们可以在一个担子上看到青的红的，带霜的发光的好儿种果品，而小贩得以充分的施展他的喉音，一口气吆喝出一大串儿来——“买李子来，冰糖味儿的水果来哪；喝了水儿的，大蜜桃呀耶，脆又甜的大沙果子来耶……”

每一种果子到了熟透的时候，才有由山上下来的乡下人背着长筐，把果子遮护得很严密，用拙笨的、简单的呼声，隔半天才喊一声大苹果或水蜜桃。他们卖的是真正的“自家园”的山货。他们人的样子与货品的地道，都使北平人想象到西边与北边的青山上的果园，而感到一点诗意。

梨、枣和葡萄都下来的较晚，可是它们的种类之多与品质之美，并不使它们因迟到而受北平人的冷淡。北平人是以他们的大白枣、小白梨与牛乳葡萄傲人的。看到梨枣，人们便有“一叶知秋”之感，而开始要晒一晒夹衣与拆洗棉袍了。

在最热的时节，也是北平人口福最深的时节。果子以外还有瓜呀！西瓜有多种，香瓜也有多种。西瓜虽美，可是论香味便不能不输给香瓜一步。况且，香瓜的分类好似有意地“争取民众”——那银白的，又酥又甜的“羊角蜜”假若适于文雅的仕女吃取，那硬而厚的，绿皮金黄瓤子的“三白”与“蛤蟆酥”就适于少壮的人们试一试嘴劲，而“老头儿乐”，顾名思义，是使没牙的老人们也不至向隅的。

在端阳节，有钱的人便可以尝到汤山的嫩藕了。赶到迟一点的鲜藕也下市，就是不十分有钱的，也可以尝到“冰碗”了——一大碗冰，上面覆着张嫩荷叶，叶上托着鲜菱角，鲜核桃，鲜杏仁，鲜藕与香瓜组成的香、鲜、清、冷的酒菜儿。就是那吃不起冰碗的人们，不是还可以买些菱角与鸡头米，尝一尝“鲜”吗？

假若仙人们只吃一点鲜果，而不动火食，仙人在地上的洞府应当是北平啊！

天气是热的，可是一早一晚相当的凉爽，还可以作事。会享受的人，屋里放上冰箱，院内搭上凉棚，他就会不受到暑气的侵袭。假若不愿在家，他可以到北海的莲塘里去划船，或在太庙与中山公园的老柏树下品茗或摆棋。“通俗”一点的，什刹海畔借着柳树支起的凉棚内，也可以爽适的吃半天茶，咂几块酸梅糕，或呷一碗八宝荷叶粥，愿意洒脱一点的，可以拿上钓竿，到积水滩或高亮桥的西边，在河边的古柳下，作半日的垂钓。好热闹的，听戏是好时候，天越热，戏越好，名角儿们都唱双出，夜戏散台差不多已是深夜，凉风儿，从那槐花与荷塘吹过来的凉风儿，会使人精神振起，而感到在戏园受四五点钟的闷气并不冤枉，于是便哼着《四郎探母》什么的高高兴兴的走回家去。天气是热的，而人们可以躲开它!在家里，在公园里，在城外，都可以躲开它。假若愿意远走几步，还可以到西山卧佛寺、碧云寺与静宜公园去住几天啊。就是在这小山上，人们碰运气还可以在野茶馆或小饭铺里遇上一位御厨，给作两样“皇上”喜欢吃的菜或点心。

(一)这一篇谈北平的夏天，大部分却谈的夏天的鲜果，在谈鲜果之中见出北平人的生活。

(二)这一篇是流利上口的说话，该用说话的调子好好地念。

向生活学习/沙汀

最近被一位朋友拉夫，我有机会看了一批青年朋友的习作。在这批习作当中，可用的虽然极少，就取材和题旨来说，一般的倾向却是极可喜的。从中见不到使人焦灼的创作上的两种危机，就是色情描写和旁观主义的趋势。

这批稿子在题材方面多取自大后方的农村社会，题旨在揭露土劣的剥削，所有的新措施引来的使人哭笑不得的后果，以及雇农佃农的不幸遭遇。这些青年所以这样写作，并非受一种空空洞洞的观念所驱使，显然是从实生活出发的。这从他们的用语和乡土气氛便可以证明。

就事论事，我所谓可喜，也许说得不算轻浮吧。单就做人来说，思想态度总该是第一等大问题。一个蒙昧昏妄的人断不会接触到生活的真理。即或偶尔碰上了，也会有意无意的把它歪曲、粉饰，或者抹杀了它的严重的意义。他决不把民族的苦难当一回事。

可是，这些青年虽然思想态度上有着可喜的倾向，却不很成熟。正因为不很成熟，他们的作品有着不少的缺点，描写不亲切，人物概念化。这可以说由于观察不深。但是更为切实的说，由于并没有有意识的进入生活，向生活锲而不舍地掘取创作的源泉，仅仅在一种义愤的鼓舞之下，动手写出自己并不深知的东西。

这种创作的态度，可以叫做“即兴式的”。固然也会写出一篇两篇成功的东西，但是，如果企图把创作当成终身事业，全力以赴，就显然不够。因为创作的歉收丰收，大部分关系于生活知识的获得。幻想与聪明智慧的帮助是极有限的，我们不能过分仰仗这些。

自然，对于名著的研究，也是个不可少的条件。我所读过的一批稿子之所以失败，部分的原因也可以说由于修养不足。因为所有名家的灿烂的成果，不仅可以启发我们的智力，使我们得到一种适当的表现方法，更为重要的，是我们可以藉它来训练我们自己的应付生活的机能。一星期前，几个朋友聚在一起闲谈，其中一位忽然提出一个问题要大家发言：在同样的生活环境中，采取了同样的题材来写作，为什么有的表现得亲切，有的却格格不入？讨论到最后，大家归结到“感性”的强弱不同，而感性的差异，一半由于修养。我却尽力的强调修养，因为我就不相信天禀的不可变易。

其实上面提出的两点(有意识的进入生活，向生活学习，以及增进自己的思想和修养，来加强“感性”)，不仅对于初学写作的有必要，对于既成作家也同样重要。然而既成作家往往忽视了这一层。这一方面由于作家的活动受着种种的限制，一方面也由于作者自身的惰性。因为成了一个作家，就不愁稿子没有出路了，似乎随随便便都可以应付过去。

上面所说的既成作家，是连我自己也包括在内的。同时也有好多人不在内；比如说吧，那常常使我羡慕的，有权利跨进任何生活部门的作家就不在内，因为他们不会受到客观情况的限制，可以随心所欲的深入农村，或者到前线去。我所说的是一部分置身大后方的作家，他们在自己的创作上特别感到苦闷。

过去三年，我是在农村里度过的，起初以为总能够更加接近我所想知道的农村社会，但是，由于种种出乎意外的挫折，我失败了。然而，这些客观条件造成的失败，是否可以为我创作不进步作辩护呢？在先我是用来为自己辩护的，后来经过长久的反省，才认为毛病还在我自己。

在这三年里面，我的生活范围自然是很狭小的，但是，在这狭小的范围中，我又何尝认真的生活过？何尝正确而深入的理解了我周围的人物和事件？其次，我所能接触的并不限于农村小市民，但是我所写出来的一些东西却全然以他们为对象；这就证明了我疏忽得可怕。

这是一个思想态度的问题，我希望在这个问题上能够展开一番热烈的讨论。而且，讨论要以创作者的自我检讨为主，少谈些空空洞洞的理论。

(一)这一篇谈文学创作与生活的关系。要旨是必须认真的生活，文学创作方面才会有进步。

(二)退一步就写作练习说，也必须认真的生活——多阅历，多观察，多思索，多实践，写作练习才会有进步。

窗子以外/林徽因

话从哪里说起？等到你要说，什么话都是那样渺茫，找不到个源头。

此刻，就在我眼前坐着四个乡下人的身影：一个头上包着黯黑的白布，两个褪色的蓝布，又一个光头。他们支起膝盖，半蹲半坐的，在沿溪的短墙下休息。每个人手里有些简单的东西：一个是白木棒，一个是篮子，那两个在树荫下，我看不清楚。无疑的他们已经走了许多路，再过一刻，抽完一杆烟以后，还要走许多路。兰花烟的香味频频随着微风送过来，还有几段山西梆子的声调，虽然那四个人坐的地方是在廊子的铁纱窗以外。

铁纱窗以外，话可不就在这里了？永远是窗子以外，不是铁纱窗就是玻璃窗，总而言之，窗子以外。

所有的活动的颜色声音和生趣，全在那里，你并不是不能看到，可是永远隔在你的窗子以外。多少方里的平原土地，多少叠起伏的山峦，从窗子外映进你的眼帘，那是多少生命日夜在活动着的所在。每一根青的麦黍，都有人流过汗，每一颗黄的米粟，都有人吃去。其间还有的是周折，是热闹，是紧张，全都在窗子以外表演着。

你坐在书房里，窗子以外的景物本来就有限：那里两树马缨，几棵丁香，榆叶梅横出风雅的一大枝，海棠因为缺乏阳光，每年开过两三朵，早就叶子上满是虫蚁的创痕，还卷起焦黄的边。廊子上开着扇子式的梅花式的六边形的格子窗，透过外院的日光和杂响。送煤的来了，你偶然看见一两个被煤炭染黑的脸；送米的来了，一个人掮着个大口袋在背上，慢慢的经过屏门；还有自来水公司，电灯公司，电话公司来收账的，胸口斜挂着皮袋，手里推着一辆自行车；更有时厨子来个朋友了，满脸的笑容，“好呀，好呀，”的走进门房；赵妈的丈夫来拿钱了，那准是每月一号，早来了你就会听得两人争吵的声音。哪一样不是有颜色、声音、生趣的活动，可是总和你隔个窗子——扇子式的，梅花式的，六边形的，铁纱的，玻璃的。

你气闷了把笔一搁说，这叫做什么生活!你站起来，穿上不算太贵的鞋袜，但这双鞋和袜的价钱也就比——想他做什么，反正有些人每月的工资只有这价钱的一半甚至更少的。你出去雇洋车了，拉车的讨的价钱当然比例价高得多，难道你就傻子似的答应下来？不，三十二子，拉就拉，不拉，拉倒！心里也明白，如果真要充内行，你就应该说二十六子，拉就拉——但是你好意思吗!

车轮转动了，世界仍然在你窗子以外。长长的一条胡同，一个个大门紧紧的关着。就是有开的，也只露出一角，隐约可以看到里面的南瓜棚子，底下一个女的，坐在小凳上缝缝缀缀的，另一个，抓住还不能走路的小孩子，伸出头来喊那过路卖白菜的。至于白菜多少钱一斤，你是听不见了，车子早已拉得老远，并且你也无须乎知道。在你每月费用之中，伙食只占一部分，在那笔伙食费里，白菜又是多么小的一个数。难道你知道了门口卖的白菜多少钱一斤，真把哭丧着脸的厨子叫来申斥一顿，告诉他每斤白菜他多开了你一个大子儿？

车越走越远了，前面正碰着粪车，你立刻拿出手绢来，皱着眉，把鼻子蒙得紧紧的，心里不知怒谁好。怒天做事太古怪，好好的稻麦却要粪来浇？怒乡下人太不怕臭，太不怕脏，发明那么两个篮子，放在鼻前手车上，推着慢慢走？怒城里行政人员不认真办事，如此肮脏不卫生的旧习不能改良，十余年来对这粪车难道真无办法？为着强烈的臭气隔着你窗子还不远，你才想到社会卫生事业如何还办不好。

路渐渐好起来，前面墙高高的是个大衙门，这里你简直不止隔个窗子。这一带高高的墙是不通风的。你不懂里面有多少办事员，办的都是什么事；有多少浓眉大眼的，对着乡下人做买卖的吆喝诈取；又有多少脸黄黄的可怜虫，混半碗饭给自家吃。自欺欺人，里面天天演的到底是什么把戏？但是里面如果真的有两三个人拼了命在那里奋斗，为许多人争一点便利和公道，你也无从知道。

到了热闹的大街了，你仍然像在特别包箱里看戏一样，本身不会也不必参加那出戏，你只倚在栏杆上作审美的领略，你有的是一片闲暇。但是如果洋车夫问你在哪里下来，你会吃一惊，仓卒不知所对。生活最需要的你并不缺乏什么，你这出来也正是不必需的活动。

偶一抬头，看到街心和对街铺子前面那些人，他们都是急急忙忙的，在时间金钱的限制下采办他们生活所必需的。两个女人手忙脚乱的在监督店里的伙计称秤。二斤四两，二斤四两的什么东西，且不必去管，反正由那两个女人认真的神气上看去，必是非同小可，性命交关的货物。并且，如果少一点时，那两个女人为那点吃亏的分量必定感到重大的痛苦；如果称得多时，那伙计又知道这年头那损失在东家方面真不算小。于是两边的争执是热烈的，必需的，大家的声音都高一点；女人脸上呈玫瑰红色，头发披下了一缕，又用手掠上去；伙计却维持着客气，口里嚷着：错不了，错不了。

在车马纷纭的街心里，忽然你的车边冲来两个人；男的，女的，各各提起两脚快跑。这又是干什么的，你心里奇怪着。电车正在拐大弯，那两个人由轨道旁边擦过去，一面追着，一面向电车上卖票的说话。电车是不容易赶上的，你在洋车上真不禁替那街心里奔走赶电车的担心。但是你也知道如果这趟没赶上，他们就可要在街旁站个半点来钟。那些宁可望穿秋水不雇洋车的人，也就是因为他们的生活必需计较和节省到洋车价钱同电车价钱相差的那个数目。

此刻洋车跑得很快，你心里继续着疑问你出来的目的，到底采办一些什么必需的货物。眼看着男男女女挤在市场里面，门首出来一个又进去一个，手里都拿着包包裹裹，包裹里面虽然不会全是当日所必需的，但是如果当中夹一盒稍微奢侈的物品，也必是他们生活中间闪着光亮的一个愉快。你不是听见那人说么？里面草帽一块八毛五，贵倒贵点，可是“真不赖”!他提一提帽盒向着打招呼的朋友，他摸一摸他那剃得光整的脑袋，微笑浮在他全个脸上。那时那一点迸射着光彩的愉快，当然归他享受，没有一点疑问。因为天知道，这一年中他多少次克己省俭，才使他赚来这一次美满的大胆的奢侈!

那点子奢侈在那人身上所发生的喜悦，在你身上却完全失掉作用，没有闪一星星光亮的希望。你想，整年整月你所花费的，和你那窗子以外的生活一比较，严格算来，可不都是非常靡费的用途？每奢侈一次，你心上只有多难过一次，所以车子经过那些玻璃窗口，只有使你更惶恐，更空洞，更怀疑，彷徨不知所措。并且看了店里那些形形色色的货物，除非你真是傻子，难道不晓得多半是从哪一国的工厂里制造出来的!奢侈不能给你愉快，每一尺好看点的纱料，每一件新鲜点的工艺品，只有增加你的戒惧烦恼。

(一)注意篇中所说的“你”其实就是“我”。这样，仿佛是离开了主观的地位说自己，更与全篇剖析的态度相合。

(二)第五节“你坐在书房里”，第六节“你气闷了把笔一搁说”，以及以下各节，都是设想(就平日的经验设想)，不是当前的事实。当前的事实不过看见四个乡下人在铁纱窗外，作者在窗内深深地想。

窗子以外（续）/林徽因

你诅咒城市生活，不自然的城市生活，检点行装说，走了，走了；这沉闷的没有生气的生活实在受不了，我要换个样子过活去。健康的旅行既可以看看山水古刹，又可以知道点纯朴的人情风俗，走了，走了，天气还不算太坏，就是走他一个月六礼拜也是值得的。

没想到不管你走到哪里，你永远免不了坐在窗子以内。不错，许多时髦学者常骄傲的带上“考察”的神气，架上科学的眼镜，偶然走到一个陌生的地方了望，但那无形中的窗子是仍然存在的。不信，你检查他们的行李，有谁不带着罐头食品，帆布床，以及别的证明他们还在窗子以内的种种零星用品？你再摸一摸他们的皮包，那里少不了有些钞票；一到一个地方，他们有的是自己的小小世界。不管你的窗子朝向哪里，所看到的多半仍在窗子以外，隔层玻璃或是铁纱。隐隐约约你看到一些颜色，听到一些声音，如果你私下满足了，那也没有什么；只是千万别高兴起来说什么接触了认识了若干事物人情，天知道那是罪过!

你是仍然坐在窗子以内的，不是火车的窗子，就是客栈的窗子，再不然就是你自己的窗子，把你搁在里边；接触和认识实在谈不到，得天独厚的闲暇生活先不容许你。一样是旅行，如果你背上的不是照像机而是一点做买卖的小血本，你就需要全副精神来走路。你得留神投宿的地方。你得计算一路上每吃一次烧饼和几颗沙果的钱。遇着同行的战战兢兢的打招呼，互相捧出诚意，遇着困难时好互相关顾帮忙。到了一个地方，你是真带着整个血肉的身体到处碰运气，紧张的境遇不容你不奋斗，不与其他奋斗的血和肉相接触，直到经验使得你认识。

前日公共汽车里一列辛苦的脸，那些谈话里面就有很多生活分量。陕西过来作生意的老头对那旁坐的那份客气，是不得已的。穿棉背心的老太婆默默的夹住一个蓝布包袱，一个钱包，是用尽她全副本领的。果然到了冀村，她错过站头，还亏别个客人替她要求车夫，将汽车退行两里路，她还不大相信的望着那村站，口里嚕嗦着这地方和上次如何两样了。开车的一面发牢骚，一面爬到车顶替老太婆拿行李。经验使他有了一种涵养，行旅中少不了有认不得路的老太太。这个道理全世界是一样的：伦敦的警察特别和蔼，也是从迷路的老太太孩子们身上得来的。

话说了这许多，你仍然在廊子上坐着，窗外送来溪流的声响，兰花烟味早已消失，四个乡下人这时候当已到了上流庆和磨坊前面。昨天那里磨坊的伙计很好笑的满挂着面粉，让你看着磨坊的构造，坊下的木轮，屋里旋转着的石碾；又在高低的院落里，带你看你所不经见的农具，鉴赏院中一棵老树，一丛鲜艳的杂花，一条曲曲折折的引水渠。伙计和气的伴着说闲话，他用山西口音告诉你，那里一年可出五千多包面粉，每包的价钱大约两块多钱。又说这十几年来，这一带因为山水忽然少了，磨坊关闭了多少家，外国人把那些磨坊租去，作他们避暑的别墅。惭愧的你说，你就是住在一个磨坊里面，心里更明白时代将一个日夜磨粉的磨坊，改成一座悠闲的别墅，那转变中间最最少不了添设几个窗子，蒙上玻璃或铁纱。这也就是你同那四个乡下人的距离。

磨坊伙计却仍然和气的脸上堆起微笑，让面粉一星星在日光下映着，说认得你租的那磨坊的主人，一个外国牧师。这人在这个村子里住过许多年，村子里人和他都有很好的感情。并且好感还有实证。就是那一天早上你无意中出去探古寻胜，走到山上一个小村的关帝庙里，看到一个铁磬，刻着万历年号，据说原来是万历赐与这村子庆成王的后人的，不知怎样流落到卖古董的手里，七年前让这牧师买去，晚上打着玩，嘹亮的磬声被村人听到，急忙赶来打听，要凑原价买回，情辞恳切，说起这是他们吕姓祖传宝物，决不能让它流落出境；这牧师于是真个把铁磬还了他们，从此在关帝庙神前供着。

这样一来，你的窗子前面便展了一张浪漫的图画，打动了你的好奇心，管他是一层或两层窗子，你也忍不住要问个底细。明庆成王是永乐的弟弟，怎么这赵庄村里的人都是他的后代？就是因为他们记得太清楚了，另一朝的皇帝便老大不放心，雍正间诏令他们改姓，由姓朱改为姓吕；但是他们还有用二十字排辈分的方法，使得他们不会弄错他们是这一脉子孙。

你有点心跳了，昨天你雇来那青年打水洗衣服的不也是赵庄村来的？并且还姓吕!果然那土头土脑圆脸大眼的青年是个皇裔贵族，真是有失尊敬了。那么这村子一定穷得不得了，但事实上也不见得。

田亩一片，年年收成也不坏。家家产户门口有特种围墙，像个小小堡垒。屋子里面有大衣柜衣箱，柜门上白铜擦得亮亮的；炕上棉被红红绿绿也颇鲜艳。可是据说关帝庙里已有四年没有唱戏了，虽然戏台还高高巍巍的对着正殿。村子里这几年穷了，有一位王孙告诉你唱戏太花钱，尤其是上边使钱。这里到底是隔个窗子，你不懂了，一样年年好收成，为什么这几年村子穷了？只模模糊糊听到什么军队驻了三年多。更不懂的是，村子一年辛苦后的娱乐，关帝庙里唱戏，为什么得向上面使钱？既然隔个窗子弄不明白，你就通气点，别尽管问了。

隔着一个窗子，你还想明白多少事？昨天雇来吕姓倒水，今天又学洋鬼子东逛西逛，跑到下面养有鸡羊，上面挂有“武魁”匾额的人家，让他们用你不懂的乡音招呼你吃茶，炕上坐。望了半天走到门口，和那送客的女人周旋客气了一回，才恍然大悟，她就是替你倒脏水洗衣裳的吕姓王孙的妈，前晚还送饼到你家来过。

这里你迷糊了，算了算了，你简直老老实实坐在你窗子里得了，窗子外的事，你看了多少也是枉然，大半你是不明白，也不会明白的。

(一)这篇里说的全是些细小事情，可是这有许多是可以想的。如果不想，任你生活怎样丰富，却与知识经验不相干。

(二)本篇的题目就显示出全篇的主旨，那主旨是什么？窗子外的事到底会明白吗？要怎样才会明白？

圣尼古拉斯的逮捕

/Marko Cheremshina 著
柳存仁 译

“哎哟，他从那边来了!”

“上哪儿呀？”

“上咱们这儿来了!”

“他现在在哪儿呀？”

“那儿!他快到毗麦克的篱笆那头了。费西利，你再跑上屋顶搁楼去一趟。”

“干吗呀？”

“拿麻条儿把我的那件大衣给盖上，在厚板子上再压上一块石头。”

“那早弄好啦。”

“把你的皮褂子脱下来，要不，他会拿走的。”

“不，他拿不了；我这就走。”

“妈妈把她的披巾藏起来了吗？”

“藏了，她藏起来了。”

“那地坑呢？”

“我在上头撒了好些把灰，他准瞧不出来。”

“爸爸!”

“你要什么？”

“把您的帽子也给我吧。”

“拿去，可是你也不用戴着。”

从篱笆后面转出了一个人，全身穿着黑衣服，帽子边上有一条黑黄色绞织的饰带，帽前还扣着个圆大的钮扣。这个人左手里拿一本厚册子，右手握着手杖。两个农夫跟在他后面。其中一个携着一大捆农民的衣服和大衣。

“柯瑞露·西弗屈克在家吗？”

没有声音。

“喂，柯瑞露·西弗屈克在家吗？”这个人喊着，声音比刚才加重了。

“噢，他在这儿等着您哪，老爷!”从那破屋里传出沙哑不清的应声。满沾着煤烟的门“轧”的一声打开了，一个中等身材的人钻了出来。他的脸很瘦削，满脸的皱纹。头发也没有梳好。一件龌龊破烂的衬衫，衬出他那高耸的锁骨和低陷的胸膛。下身穿着褴褛的发红的裤子，赤着双足。这就用不着介绍他是谁了。一年年的创伤使他仅剩下一副粗俗的躯干。

“我在家里等着哪，谢谢老天爷，还有……”柯瑞露·西弗屈克重复了一句，弯着腰。

“刚才我叫你，干吗不答应啊？”外来的人呵叱着。

“我答应的，求您饶饶我，我难道没有答应您吗？”

“我们是来拿你的东西去完税的。”

“是呀，我们的发财的收税老爷。”

“你有什么牲口没有？”

“您说堡垒吗？我们什么也没有，除了这儿四面的墙壁。好老爷，我们是穷人呀!”

“我说，你们没有牲口吗？”

“没有，我们是老天爷说的，该养不起牲口的，好老爷。我们也有好些日子没吃什么肉啦。”

“胡说!伙计，咱们进去瞧瞧去。”

“您请呀，好老爷!”

收税的老爷用手杖把那扇小门一推，那门又“轧”的一声朝里面碰在墙上。收税的老爷弯着身子进来，两脚站在门槛上。一个农夫装束的伙计跟了进来，后面就是西弗屈克。另外一个伙计仍旧站在外面空场上，捧着那一捆衣服，预备着细绳子，好再捆别的东西。

“你的东西在哪儿呀？”收税人迫切的问，空瞧着四面墙壁。

“我们可真穷呀，老爷，修好的老爷。四面的墙壁和……您自己用眼睛瞧吧，老爷，老天爷保佑您！”

“我瞧不见什么东西。”

“对呀，我们这儿有什么东西够得上入您的眼呢，除了可怜和穷苦!”

“这是你的堂客吗？”

“是呀，老爷，她就是我的女人。”

柯瑞露·西弗屈克的妻子站在一旁，不声不响的，穿着黑色的短褂，也没有披巾，她距离她的丈夫非常的近，这时候她斜斜的盯了那收税老爷一眼。

“我们什么东西也没有，老爷，您真和气，您瞧，我连一条披巾都没有。”

“我们真是什么都没有。”西弗屈克也跟着说，“我们穷得快要饿死了。”“你们睡在哪儿呀？”“不瞒您老爷说，也不能欺骗我们的圣像，我们是睡在地上的，让小孩子睡在板凳上。”

“你说你们睡在哪儿？”

“就在这空地上。”

“那么，你们的枕头呢？”

“哪儿有枕头呀，我们都枕着自己的拳头睡。”

“你又说谎骗我啦!”

“我们所有的东西都在这儿，老爷，您要什么随便挑吧。”

收税人在屋里踱着，手杖四面乱戳，可是找不着什么像样的东西。一块长的厚板子靠着迎面的墙壁，几只角都钉牢了，那就是他们的板凳。有一块稍短的厚板，大概就算是桌子。屋子当中还有个地坑，积满了灰尘，那就是炉灶。

这些东西，收税人一一的看过了，但是他还继续搜索。他忽然停止了，他的眼睛被那“桌子”上面墙壁上的什么东西吸引住了。那是一个木制的圣像的框子，熏满了煤烟，仅能看到一条条污秽的黄色，看不清那圣像的头和脸和后面的光圈。单讲那框子，倒是很精细的手工雕成的，又庄严，又有吸引人的力量。西弗屈克见收税官直望着那圣像，心里很着急，不住的搔着头。

“这儿我找着一个挺不坏的木框子了。”收税人自言自语。

“求您饶了吧，老爷，这是圣尼古拉斯。”

“我知道。可是这个框子很不错呀!”

“我的曾祖父亲手雕的。”

“你哪儿得来的这个框子呀？”

“刚才不是禀告过您了吗？是我的曾祖父我的祖父传下来的。”

“伙计，得，把这个框子摘下来带回去!”

“您怎么啦，我的大老爷？饶我们这一回吧，不要把我们的圣像拿走。”西弗屈克请求着。

“做做好事吧，大老爷。”西弗屈克的妻子也哭着央求。

那伙计不等收税官再开口，就把圣像取下，拿到外面空场上去。后面有一阵灰尘飞散。墙上露出一小方块的尘迹。结着一团蜘蛛的破网，那就是原来悬挂圣像的地方。

“我们家里怎能连圣像也没有一个呢!”西弗屈克悲伤的说。

“没有了圣像，灾难要降到我们家里来啦!”西弗屈克的妻子说着很发愁。

“不用废话!我还要来拍卖你们的房子呢，要是你们再不完税的话。咱们的账还没有算清呢。”收税的老爷一面高声骂着，一面踱出屋子。

“伙计们，下一家是赫理斯·茜因那里。”

他们走了……天色渐渐的暗下来……

“妈，我要去睡了，跟咱们的天父祷告吧。”小安那契卡说了，她吃完了晚饭，靠着桌子想打盹。

“跪下吧，孩子，把你的两只手合在一块儿。”

安那契卡跪了下来，把两手合拢了，顺便抬起头，正望着原来挂圣像的那个地方。现在那个地方是空空的什么都没有了。她的眼睛向四面的墙壁乱找，可是找不着，她瞧着她母亲的眼睛，忧郁的发问：

“妈，圣尼古拉斯哪儿去了？”

法赛哥和帕怯克也望着墙壁，一齐开口：

“爸爸，妈妈，圣尼古拉斯哪儿去了？”

西弗屈克瞧着他妻子，她也瞧着他，面面相觑。他们都叹了一口气，然后他回答说：

“圣尼古拉斯被逮走了!”

“是那个收税的老爷把他请去的吗？”

“是啊，孩子，是他拿的。圣尼古拉斯被逮走了！”

(一)仅剩的圣像也被拿走，那个伙计手里又有一捆衣服，可以看出农人几乎不能留下什么东西了。这样的生活，其苦可想。

(二)这篇里的对话都简短而且朴质，但是很能传出各人当时的心情。

客

/潘林 著 施蛰存 译

司徒元伯伯所隶属的那一队志愿兵跟着正规军队前进，一路担任着驻防城市，放步哨，押送粮食，警戒铁路，护送俘虏等等工作。

从一个城市到另一个城市，从一个村庄到另一个村庄，身上裹着一件斑斑驳驳的大衣，背着一枝步枪，司徒元伯伯的足迹走过了全部新占据的领土；而在世界的另一头被指派在一条重要公路上看守一座桥梁，这是个时间较长久的差使。

这是一个很遥远很荒凉的地方，即使在非常沉寂的傍晚，那条大河也已经入睡的时候，远处茅屋里的狗和公鸡的叫声也一点都听不到。

司徒元伯伯和他的伙伴留守着桥梁。他们自己造了一座暖和的地下小屋，有一个烟囱，一个火炉，把他们的衣服和背囊挂在屋子里，又铺好了几张稻草床，下班的时候就在床上坐坐。

他们的身子像石头一样结实，整天整夜的站在岗位上注视着斥堠线，就是有一只鸟儿在那儿飞过，也逃不了他们的眼睛。

在那泥泞的公路两边，无穷无尽的长串的辎重车来来往往。那些牛异常庄重而驯良，拖着很重的大货车，它们那种用力的动作，说明了战事的普通的最基本的权力，那是每个生灵必须服从的，因为与人们长期合作过来，那些牲口也知道了旅途的艰难，本能的感到到达最后目的的重要；所以它们毫无怨苦的拖着那些大车前进，不待车夫的呼叱与鞭笞。在它们的步伐中，表现出一种热心的自愿的努力，它们也像它们的主人一样，尽了一个兵士的责任，它们仿佛都明白，现在拖着的并不是一架耕田的犁了。

司徒元伯伯身上裹着他那件不分四季的大衣，脚边拄着步枪，眼睛紧跟着那些牛车的行列，连一点小节日都不放过。那些牛。那些车夫，轮子，车箱，以及聪明的车夫在长途中所想出来的各种天真的小花样，全都逃不了他那低垂的额角底下两颗即溜的小眼珠。

有时司徒元伯伯会高声叫起来，仿佛对聋子说话似的：

“喂，孩子，你睡熟了吗……把缰绳接起来……牛要踏着了，会踏断的。”或者是：“喂，老伯，你的油瓶要掉了。”

下了班，当他很高兴的在小屋里的火炉边和他的伙伴烤火的时候，他们就闲谈日里看见的各种事情。司徒元伯伯常常会责骂起一个根本已经记不得的不认识的车夫来：“他的车子松下来了，弯弯曲曲的活像个醉汉!……把它缚好了，喂，缚好来!……这样子好赶路吗？……”

至于小屋子里常常发生的关于政治的辩论，司徒元伯伯总是不参与的。他弯身坐在火旁边，抽他的短烟杆，听人家说话，偶然拨一下柴火。

天气是多雨，涨雾。太阳好几天没有睁眼了。人们谁也不能说什么时候是天亮了，什么时候是天晚了。这使夜间显得很长，很闷。谁也没有表。司徒元伯伯倒也不觉得不便，因为他好几年没有表了。但是一个伙伴，一个乡村里的食品商人，他老是想着时间，逢人就问什么时候了。

后来司徒元伯伯对他说：“我给你去找，不单是表，而且是闹钟!”

有一天，他下了班就出去了，不知在什么地方耽到晚上才回来。

“孩子们，你们的闹钟来了。”司徒元伯伯这样说，从大衣袋里拿出一具大闹钟来，他笑着，一直笑到耳朵根。

他们给那闹钟安置了一个地方，每天晚上开一次，这个责任常常落在司徒元伯伯身上，他会说：“哦，就让我来开吧。”

很准确的，每天晚上，尤其是每天早晨，那闹钟的清朗的声音从四壁发着回声，向这几个老兵报时。

一天晚上，有一队辎重车在他们那小屋子附近卸轭过夜。好几个火堆生起来，好几支风笛吹起来，这个荒凉的地方顿时见得非常热闹了。

司徒元伯伯走到那些车夫那儿去，照例的问他们一些话，他们从什么地方来的，要到什么地方去；还要从他们那儿听些新闻，还要看看那些牛和车。

“我知道，”他自个儿喃喃的说，“这些车不是从我们家乡那儿来的。样子打得真古怪——这是札果利亚式子。做得倒不错，很结实。”

他绕着那些车子，很仔细的考察，一忽儿推推那辕木，一忽儿又称赏似的拍拍那车厢，好像拍一个老朋友的背脊似的。

他正在细看一根雕绘得很美丽的车轭的时候，一条躺在那儿反刍着的牛，伸出它的脖子呼一口气在司徒元伯伯脸上。

“哟!倍尔乔!这是我们的倍尔乔呀!”司徒元伯伯非常兴奋的叫了起来，“它认识我的……喂，它认识我的!你说多么巧!我老婆写信来说，它已经征发出去了，我心里想，完啦，我们从此不会见面啦。可是……啊，倍尔乔宝贝……好个倍尔乔!”

司徒元伯伯蹲在那条牛面前，温和的抚摩它，并且给它梳理前额。那牲口伸出它的头，把那唾沫津津的嘴搁在它老朋友的膝上。

“它认识我的！……它还记得我呢。”他对围着他的车夫说。司徒元伯伯的伙伴们这时候也聚拢来了。

“就是我告诉过你们的倍尔乔!”他对伙伴们说，“你瞧，我今天有个客来了。我想我一定永世见不到它了。好牲口！你瞧，他不是一头好牲口吗？看它怎样拉车，它多么能拉车啊!”

司徒元伯伯于是抚爱着那条牛："宝贝的倍尔乔，它也去打仗了。它什么事情都会做!……"

"喂，伙计，"他回头对那车夫说，"好好的招呼它，你听见没有？把那马梳子给我。"

司徒元伯伯从那车夫手里接过铁梳子，就替那带给他无限高兴的来客梳刷皮毛。

"站起来，倍尔乔，起来!对啦。现在把尾巴翘起来。哦，你身上多脏呀!"司徒元伯伯一边说着这样亲热的话，一边非常细心非常辛勤的替来客收拾清楚，他用梳子替它梳毛，用刷子替它刷掉尘土。此后他去打些糠麦，混和了加盐的温水，喂给倍尔乔吃，他自己便站着看。那疲累了的牲口吃得挺高兴的，舔干净了它的嘴唇，睁着两只有所祈求的眼睛，看着那站在旁边的好像难以割舍的朋友。

"哈，我懂了，你身上冷了。"司徒元伯伯抬头看那闪烁着寒星的天空，这样说。

"这个，可以暖一点……你是我的客。"他一边脱下他的大衣一边说，"我不愿意教你冻坏了！"于是他把大衣给牲口盖上。"好!我们不忘记老交情的，不是吗？"

这时天色早已黑了，那些老兵早已在屋子里柴火旁边睡熟了；但是司徒元伯伯还在他的来客身边徘徊着。

他回到小屋子里很迟，整夜的睡不着。在他那因为遇见倍尔乔而被唤醒了的灵魂里，引起了种种温柔美丽的回忆。他想着家，想着孩子，想着田地……

次日早晨，他不待那闹钟唤醒，早就爬起身来去看他的倍尔乔了。

牛车的队伍开动的时候，司徒元伯伯陪着倍尔乔走了好一段路。临别的时候，他拉住了它，拍拍它，又在它的前额上吻了一下。

"再会啊，我的倍尔乔!"他对它说。于是回向那车夫说："伙计，照顾照顾它，当心它。”说了便很深的伸手到袋里去，掏出钱袋来，解开了，拣出一块钱递给那赶车的，“这个给你……随便买些东西吃，请你照顾这条牛。洗洗它喂喂它。”

于是队伍走了；司徒元伯伯站着目送了好久，才怀着满腔悲伤回到他的伙伴那儿，好像刚送了一个最亲密的朋友似的。

(一)前半篇写司徒元伯伯处境的寂寞。后半篇来了他的倍尔乔，这是一次不寻常的会面，他的感情激动起来了。试看作者写他的一言一动，全不脱农人淳朴的本色。

(二)如果没有前半篇，开头就说司徒元伯伯遇见了他的牛，这篇小说怎么样？

孔乙己 /鲁迅

鲁镇的酒店的格局，是和别处不同的：都是当街一个曲尺形的大柜台，柜台里面预备着热水，可以随时温酒。做工的人傍午傍晚散了工，每每花四文铜钱，买一碗酒，——这是二十多年前的事，现在每碗要涨到十文，——靠柜外站着，热热的喝了休息；倘肯多花一文，便可以买一碟盐煮笋，或者茴香豆，做下酒物了。如果出了十几文，那就能买一样荤菜，但这些顾客多是短衣帮，大抵没有这样阔绰。只有穿长衫的，才踱进店面隔壁的房子里，要酒要菜，慢慢地坐喝。

我从十二岁起，便在镇口的咸亨酒店里当伙计。掌柜说，样子太傻，怕侍候不了长衫主顾，就在外面做点事吧。外面的短衣主顾虽然容易说话，但唠唠叨叨缠夹不清的也很不少。他们往往要亲眼看着黄酒从坛子里舀出，看过壶子底里有水没有，又亲看将壶子放在热水里，然后放心：在这严重监督之下，羼水也很为难。所以过了几天，掌柜又说我干不了这事。幸亏荐头的情面大，辞退不得，便改为专管温酒的一种无聊职务了。

我从此便整天的站在柜台里，专管我的职务。虽然没有什么失职，但总觉得有些单调，有些无聊。掌柜是一副凶脸孔，主顾也没有好声气，教人活泼不得；只有孔乙己到店，才可以笑几声，所以至今还记得。

孔乙己是站着喝酒而穿长衫的唯一的人。他身材很高大；青白脸色，皱纹间时常夹些伤痕；一部乱蓬蓬的花白的胡子。穿的虽然是长衫，可是又脏又破，似乎十多年没有补，也没有洗。他对人说话，总是满口之乎者也，教人半懂不懂的。因为他姓孔，别人便从描红纸上的“上大人孔乙己”这半懂不懂的话里，替他取下一个绰号，叫作孔乙己。孔乙己一到店，所有喝酒的人便都看着他笑，有的叫道：“孔乙己，你脸上又添上新伤疤了!”他不回答，对柜里说：“温两碗酒，要一碟茴香豆。”便排出九文大钱。他们又故意的高声嚷道：“你一定又偷了人家的东西了!”孔乙己睁大眼睛说：“你怎么这样凭空污人清白……”“什么清白？我前天亲眼见你偷了何家的书，吊着打。”孔乙己便涨红了脸，额上的青筋条条绽出，争辩道：“窃书不能算偷……窃书！读书人的事，能算偷么!”接着便是难懂的话，什么“君子固穷”什么“者乎”之类，引得众人都哄笑起来；店内外充满了快活的空气。

听人家背地里谈论，孔乙己原来也读过书，但终于没有进学，又不会营生；于是愈过愈穷，弄到将要讨饭了。幸而写得一笔好字，便替人家抄抄书，换一碗饭吃。可惜他又有一样坏脾气，便是好喝懒做。坐不到几天，便连人和书籍纸张笔砚，一齐失踪。如是几次，叫他抄书的人也没有了。孔乙己没有法，便免不了偶然做些偷窃的事。但他在我们店里，品行却比别人都好，就是从不拖欠；虽然间或没有现钱，暂时记在粉板上，但不出一月，定然还清，从粉板上拭去了孔乙己的名字。

孔乙己喝过半碗酒，涨红的脸色渐渐复了原，旁人便又问道：“孔乙己，你当真认识字么？”孔乙己看着问他的人，显出不屑置辩的神气。他们便接着说道：“你怎的连半个秀才也捞不到呢？”孔乙己立刻显出颓唐不安的模样，脸上笼上了一层灰色，嘴里说些话；这回可是全是之乎也者之类，一些不懂了。在这时候，众人也都哄笑起来，店内外充满了快活的空气。

在这些时候，我可以附和着笑，掌柜是决不责备的。而且掌柜见了孔乙己，也每每这样问他，引人发笑。孔乙己自己知道不能和他们谈天，便只好向孩子说话。有一回对我说道："你读过书么？"我略略点一点头。他说："读过书……我便考你一考。茴香豆的茴字，怎么写的？"我想，讨饭一样的人，也配考我么？便回过脸去，不再理会。孔乙己等了许久，很恳切的说道："不能写罢？……我教给你，记着，这些字应该记着。将来做掌柜的时候，写账要用。"我暗想我和掌柜的等级还很远呢，而且我们掌柜也从不将茴香豆上账；又好笑，又不耐烦，懒懒的答他道："谁要你教，不是草头底下一个来回的回字么？"孔乙己显出极高兴的样子，将两个指头的长指甲敲着柜台，点头说："对呀!对呀!……回字有四样写法，你知道么？"我愈不耐烦了，努着嘴走远。孔乙己刚用指甲蘸了酒，想在柜上写字，见我毫不热心，便又叹口气，显出极惋惜的样子。

有几回，邻舍孩子听得笑声，也赶热闹，围住了孔乙己。他便给他们茴香豆吃，一人一颗。孩子吃完豆，仍然不散，眼睛都望着碟子。孔乙己着了慌，伸开五指将碟子罩住，弯腰下去说道："不多了，我已经不多了。"直起身又看一看豆，自己摇头说："不多，不多!多乎哉？不多也。"于是这一群孩子都在笑声里走散了。

孔乙己是这样的使人快活，可是没有他，别人也便这么过。

有一天，大约是中秋前的两三天，掌柜正在慢慢的结账，取下粉板，忽然说："孔乙己长久没有来了。还欠十九个钱呢!"我才也觉得他的确长久没有来了。一个喝酒的人说道："他怎么会来？……他打折了腿了。"掌柜说："哦!""他仍旧是偷。这一回，是自己发昏，竟偷到丁举人家里去了。他家的东西，偷得的么？""后来怎么样？""怎么样？先写服辩，后来是打，打了大半夜，再打折了腿。""后来呢？""后来打折了腿。""打折了怎样呢？""怎样？……谁晓得!也许是死了。"掌柜也不再问，仍然慢慢算他的账。

中秋过后，秋风是一天凉比一天，看看将近初冬；我整天的靠着火，也须穿上棉袄了。一天的下半天，没有一个顾客，我正合了眼坐着。忽然间听得一个声音："温一碗酒。"这声音虽然极低，却很耳熟。看时又全没有人，站起来向外一望，那孔乙己便在柜台下对了门槛坐着。他脸上黑而且瘦，已经不成样子；穿一件破夹袄，盘着两腿，下面垫一个蒲包，用草绳在肩上挂住；见了我，又说道："温一碗酒。"掌柜也伸出头去，一面说："孔乙己么？你还欠十九个钱呢!"孔乙己很颓唐的仰面答道："这……下回还清罢。这一回是现钱，酒要好。"掌柜仍然同平常一样，笑着对他说："孔乙己，你又偷了东西了!"但他这回却不十分分辩，单说了一句"不要取笑!""取笑？要是不偷，怎么会打断腿？"孔乙己低声说道："跌断、跌跌……"他的眼色，很像恳求掌柜，不要再提。此时已经聚集了几个人，便和掌柜都笑了。我温了酒，端出去，放在门槛上。他从破衣袋里摸出四文大钱，放在我手里；见他满手是泥，原来他便用这手走来的。不一会，他喝完酒，便又在旁人的笑声中，坐着用这手慢慢走去了。

自此以后，又长久没有看见孔乙己。到了年关，掌柜取下粉板说："孔乙己还欠十九个钱呢!"到了第二年的端午。又说："孔乙己还欠十九个钱呢!"到中秋可是没有说，再到年关也没有看见他。

我到现在终于没有见——大约孔乙己的确死了。

(一)这一篇写孔乙己，以"我"(酒店小伙计)的所见所闻为限。用这种写法的时候，作者不在场的事情不能写，人家藏在心里的思想情感不能写。另外一种写法，作者不参加在里头，文中没有作者自称的"我"字，那就什么都可以写，没有限制了。

(二)全篇分两部分。上半部分到"孔乙己是这样的使人快活，可是没有他，别人也便这么过。"为止，叙的是孔乙己日常的情形。下半部分才是某年某日“我”所见闻的关于孔乙已的事情。

(三)上半部分用“只有孔乙已到店，才可以笑几声”引起，以下一直照顾着，两次说“店内外充满了快活的空气”，又说“一群孩子都在笑声里走散了”，末了以“孔乙已是这样的使人快活”作结。试想“使人快活”的孔乙已，他本身也快活吗？

《老残游记》的文学技术 /胡 适

《老残游记》最擅长的是描写的技术；无论写人写景，作者都不肯用套语烂调，总想熔铸新词，作实地的描画。在这一点上，这部书可说是前无古人了。

刘鹗先生是个很有文学天才的人，他的文学见解也很超脱。《游记》第十三回里他借一个妓女的嘴骂那些套语烂调的诗人。翠环道：

“我在二十里铺的时候，过往的客人见的很多，也常有题诗在墙上的。我最喜欢请他们讲给我听，听来听去，大约不过这个意思。……因此我想，做诗这件事是很没有意思的，不过造些谣言罢了。”

刘鹗先生的诗文集，不幸我们没有见过。《游记》有他的三首诗。第八回里的一首绝句，讽嘲聊城杨氏海源阁(书中改称东昌府柳家)的藏书，虽不是好诗，却也不是造谣言的。第六回里的一首五言律诗，专咏玉贤的虐政，有“杀民如杀贼，太守是元戎”的话，可见他做旧律诗也还能发议论。第十二回里的一首五古，写冻河的情景，前六句云：

“地裂北风号，长冰蔽河下。后冰逐前冰，相陵复相亚。河曲易为塞，嵯峨银桥架。”

这总算是有意写实了。但古诗体的拘束太严了，用来写这种不常见的景物是不会满人意的。试把这六句比较这一段散文的描写：

“老残洗完了脸，把行李铺好，把房门锁上，也出来步到河堤上看。见那黄河从西南上下来，到此却正是河的湾子，过此便向正东去了。河面不甚宽，两岸相距不到二里。若以此刻河水而论，也不过百把丈宽的光景。只是前面的冰插的重重叠叠的，高出水面有七八寸厚。再望上游走了一二百步，只见那上流的冰还一块一块的慢慢价来，到此地被前头的拦住，走不动，就站住了。那后来的冰赶上他，只挤得嗤嗤价响。后冰被这溜水逼的紧了，就窜到前冰上头去，前冰被压，就渐渐低下去了。看那河身不过百十丈宽。当中大溜约莫不过二三十丈。两边俱是平水。这平水之上早已有冰结满。冰面却是平的，被吹来的尘土盖住，却像沙滩一般。中间的一条大溜却仍然奔腾澎湃，有声有势，将走不过去的冰挤的两边乱窜。那两边平水上的冰被当中乱冰挤破了，往岸上跑。那冰能挤到岸上有五六尺远。许多碎冰被挤的站起来，像个小插屏似的。看了有点把钟功夫，这一截子的冰又挤死不动了。”

这样的描写全靠有实地的观察作根据。刘鹗先生自己评这一段道：

“止水结冰是何情状？流水结冰是何情状？小河结冰是何情状？大河结冰是何情状？河南黄河结冰是何情状？山东黄河结冰是何情状？须知前一回所写的是山东黄河结冰。”（十三回原评）

这就是说，不但人有个性的差别，景物也有个性的差别。我们若不能实地观察这种种个性的差别，只能有笼统浮泛的描写，决不能有深刻的描写。不但如此。知道了景物各有个性的差别，我们就应该明白：因袭的词章套语决不够用来描写景物，因为套语总是浮泛的、笼统的，不能表现某地某景的个别性质。我们能了解这段散文的描写何以远胜那六句五言诗，便可以明白白话文学的真正重要了。

《老残游记》里写景的部分也有偶然错误的。蔡孑民先生曾对我说，他的女儿在济南时，带了《老残游记》去游大明湖，看到第二回写铁公祠前千佛山的倒影映在大明湖里，她不禁失笑。千佛山的倒影如何能映在大明湖里呢？即使三千年前大明湖没有被芦田占满，这也是不可能的事。大概是作者误记了。

第二回写王小玉唱书的一大段是《游记》中最用力的描写：

“王小玉便启朱唇，发皓齿，唱了几句诗儿。声音初不甚大，只觉入耳有说不出来的妙境：五脏六腑里像熨斗熨过，无一处不伏贴；三万六千个毛孔像吃了人参果，无一个毛孔不畅快。唱了十几句之后，渐渐的越唱越高，忽然拔了一个尖儿，像一线钢丝抛入天际，不禁暗暗叫绝。那知他于那极高的地方尚能回环转折。几转之后，又高一层，接连有三四叠，节节高起，恍如由傲来峰西面攀登泰山的景象：初看傲来峰削壁千仞，以为上与天通，及至翻到傲来峰顶，才见扇子崖更在傲来峰上；及至翻到扇子崖，又见南天门更在扇子崖上；愈翻愈险，愈险愈奇。那王小玉唱到极高的三四叠后，陡然一落，又极力骋其千回百折的精神，如一条飞蛇在黄山三十六峰半中腰里盘旋穿插，顷刻之间，周匝数遍。从此以后，愈唱愈低，愈低愈细，那声音渐渐的就听不见了。满园子的人都屏气凝神，不敢少动；约有二三分钟之久，仿佛有一点声音从地底下发出。这一出之后，忽又扬起，像放那东洋烟火，一个弹子上天，随化作千百道五色火光，纵横散乱。这一声飞起，即有无限声音俱来并发。那弹弦子的亦全用轮指，忽大忽小，同他那声音相和相合，有如花坞春晓，好鸟乱鸣。耳朵忙不过来，不晓得听那一声的为是。正在撩乱之际，忽听霍然一声，人弦俱寂。这时台下叫好之声轰然雷动。”

这一写段唱书的音韵，是很大胆的尝试。音乐只能听，不容易用文字写出，所以不能不用许多具体的物事来作譬喻。白居易、欧阳修、苏轼都用过这个法子。刘鹗先生在这一段里连用七八种不同的譬喻，用新鲜的文字，明了的印象，使读者从这些逼人的印象里感觉那无形象的音乐的妙处。这一次的尝试总算是很有成功的了。

《老残游记》里写景的好文字很多，我最喜欢的是第十二回打冰之后的一段：

“抬起头来看那南面的山，一条雪白，映着月光分外好看。一层一层的山岭却不大分辨得出。又有几片白云夹在里面，所以看不出是云是山，及至定神看去，方才看出那是云那是山来。虽然云也是白的，山也是白的，云也有亮光，山也有亮光，只因为月在云上，云在月下，所以云的亮光是从背面透过来的。那山却不然；山上的亮光是由月光照到山上，被那山上的云反射过来，所以光是两样子的。然只就稍近的地方如此，那山往东去，越望越远，渐渐的天也是白的，山也是白的，云也是白的，就分辨不出什么来了。”

这种白描的工夫真不容易学。只有精细的观察能供给这种描写的底子，只有朴素新鲜的活文字能供给这种描写的工具。

(一)实地观察，把见到的写出来，这才能描写得逼真入神。若用套语烂调，那就是名为描写而其实没有描写。学写文字的人应该记住这层意思。

(二)篇中说《老残游记》写王小玉唱书一段是用具体的物事来譬喻那没有形象的音乐。试想，譬喻有什么作用？

教育家的孔子 /张荫麟

孔子最大的抱负虽在政治，最大的成就却在教育。在我国教育史上，他是好几方面的开创者。这几方面，任取其一，就足以使他受后世的崇敬。

第一，在孔子以前，教育是贵族的专利，师儒是贵族的寄生者。孔子首先提倡“有教无类”，这就是说，不分贵贱贫富，一律施教。他自己说过，从准备了束脩(十斤腊肉)做贽见礼的人起，他没有不加以训诲的。这件事看来很平常，在当时实在是一大革命。这是学术平民化的开端，这是“布衣卿相”的局面的引子。至于他率领弟子，周游列国，作政治的活动，也是后来战国“游说”的风气的创始。

第二，孔子以个人在野的力量造就了一大帮人才，他的门下成了鲁国人才的总汇。他自卫返鲁以后，哀公和季康子要用人，往往在他的弟子中物色。这样一个知识的领袖不独没有前例，在后世也是罕见的。传说他的弟子有三千多人，这虽然近于夸张，但他的大弟子名氏可考的已有七十七人，其中事迹见于记载的共二十五人。现在仅计他自己所列举，跟他在陈蔡之间挨饿的弟子：以德行见长的有颜渊，闵子骞，冉伯牛，仲弓；以言语见长的有宰我，子贡；以政事见长的有冉有，子路；以文学见长的有子游，子夏。这些人当中，颜渊最聪明，最好学，最为孔子所赞赏，可惜短命。冉伯牛也以废疾早死，无所表现。其余都是一时的俊杰。闵子骞曾被季氏召为费宰，他坚决辞却。仲弓做过季氏的家宰。宰我受过哀公的谘询，在政府里当是有职的。子贡、冉有皆先孔子归鲁。子贡在外交界任事，四次和吴人，一次和齐人折冲，都不辱命。冉有做过季氏的家宰，于前四八四年(哀公十一年，孔子归鲁前)齐人大举侵鲁，鲁当局守着不抵抗主义的时候，激动季氏出兵，他自己并且用矛陷阵，大败齐军。子路于前四八一年，有小邾(鲁的南邻之一)的一位大夫挟邑投奔鲁国，要他作保证，以替代盟誓。季康子派冉有到卫国找子路，说道："人家不信千乘之国盟誓，却信你的一句话，你该不以为辱吧？"子路答道："假如鲁国和小邾开战，我不问因由，死在敌人的城下也可以；现在听从一个叛臣的话，要认他为义，我可不能。"子游做过鲁国的武城宰，孔子到他邑里，听得民间一片弦歌声，因此和他开过"割鸡焉用牛刀"的玩笑。子夏做过晋大夫魏成子即后日魏文侯的老师。孔门弟子都是当时的闻人，又都有"仲尼日月也，无得而逾焉"的信念。凭他们的宣扬，孔子便在上层社会里有了很大的声名。

第三，孔子首先把技艺教育和人格教育打成一片。他首先以系统的道德学说和缜密的人生理想教训生徒，他的教训，经他弟子和再传弟子记载下来，叫做《论语》的，是我国第一部私人著作。

孔门传授的技艺不外当时一般贵族子弟所学习的礼乐和诗。其中礼和诗尤其是孔子所常讲，弟子所必修的。

所谓礼有两方面：一是贵族交际中的礼貌和仪节，二是贵族的冠、婚、丧、祭等等典礼。当时所谓儒者就是靠襄助这些典礼，传授这些仪文为生活的。孔子和他大部分的弟子都是儒者，他们所学习的礼当然包括这两方面。礼固然是孔子所看重的，他说："不学礼，无以立。"但每种礼节原来要表示一种感情，感情乃是"礼之本"，无本的礼只是虚伪，那是孔子所深恶的。他把礼之本看得比礼文还重，他说："礼云礼云，玉帛云乎哉!"又说："丧礼与其哀不足而礼有余也，不若礼不足而敬有余也。”这原是对于讲究排场拘牵仪式的鲁人的一剂对症药，可惜他的弟子和后来的儒者很少领会到。

当孔子的时候，各种仪节和典礼大约已有现成的秩序单，这些秩序单经过孔子和他的信徒陆续增改，便成为现在的《仪礼》。

《诗》三百余篇，在春秋时代是有实用的。平常贵族交际上的辞令要引诗作修饰。朝廷享宴外宾的时候，照例要选诗中的一首或一节，命乐工歌诵，以作欢迎词，这叫做“赋诗”。来宾也得另选一首或一章回敬，这叫做“答赋”。主宾间的情意，愿望，恳求，甚至讥刺，往往断章取义地借诗来暗示。在这种当儿，不熟习诗篇的人便会出丑。故此孔子说：“不学诗，无以言。”因为任何贵官都有招待外宾或出使外国的机会，所以诗的熟习成为贵族教育不可少的部分。孔子教诗，当然也以诗的应对功用为主。诗中含有训诲意味的句子，当时每被引为道德的教条，这一方面孔子也没有忽略。但他更进一步，教人读诗要从本来没有训诲意味的描写，体会人生的道理来。这便是他所谓“兴于诗”。例如诗文：

巧笑倩兮，

美目盼兮，

素以为绚兮。

意思原是说一个美好的女子可施装饰。子贡问这里有什么启示，孔子答道：“绘画要在有了素白的质地之后。”子贡跟着问：“然则礼要在(真情)后吗？”孔子便大加赞赏，说他有谈诗的资格。

诗和乐在当时是分不开的。《诗》三百篇都是乐章，正宗的音乐不外这三百篇的曲调。除射御和舞外，音乐是贵族教育最重要的项目。一切典礼里都有音乐，他们平时闲居也不离琴瑟。孔子本来是个音乐家，虽然他在这方面的成就完全被他的圣德所掩没了。没有别的事比音乐更可以使他迷醉了。他在齐国听了《韶》乐，曾经“三月不知肉味”。这种享受他当然不肯外着他的弟子们。他的教程是“兴于诗，立于礼，成于乐”。孔子讲音乐和前人不同处，在于他特别注重音乐的感化力。他确信音乐不独可以陶冶个人的性灵，并且可以改变社会的风气。为了尽量发挥音乐的道德功用，他有两种主张。第一，音乐要平民化。他的门人子游做武城宰，便弄到满邑都是弦歌之声。第二，音乐要受国家的统制，低劣的音乐要禁绝。当时郑国的音乐最淫荡，所以他倡议“放郑声”。他晚年曾将《诗》三百篇的旧曲调加以修订，这是他生平最得意的一回事。他说：“吾自卫返鲁，然后乐正，《雅》、《颂》各得其所。”《雅》、《颂》各是诗中的一个门类，依着音乐的性质而分别的。可惜经孔子修正过的乐曲，现在无从拟想了。

(一)在我国教育史上，孔子是好几方面的开创者。开创就是除旧改新。他为什么能够除旧改新？因为他那时代社会变化了——生产进步了，交通发达了，贵族不能独做社会的主人翁了。

(二)子贡从诗句的原意，悟出了真情在先，礼节在后的道理：这可以叫做“触发”——因这一点触动，想起了那一点。

我爱孔子 /宋云彬

小时候在私塾里，早晚对“大成至圣先师”的牌位行敬礼，那时候我心目中的孔子，是一位道貌岸然，不容易亲近的老先生。后来读了《论语》、《礼记》之类，这种观念渐渐改变了，觉得孔子是和蔼可亲的。最使我感到孔门师弟间的融泄和熙的，是《论语·先进》篇最后那一段记事。我曾把那段记事中的对话译成口语，现在抄录在下面：

孔子 (微笑地向着坐在旁边的几个门弟子)因为我年纪比你们大一些，你们这样恭敬地服侍我。现在我们大家谈谈，不要因为我年纪比你们大，就拘束了。你们平时常说人家不知道你们的才能，假使有人知道了，准备重用你们，你们将怎样去应付呢？

子路 (急遽地，不假思索地)一个和大国逼近的小小的侯国，和邻国发生了战争，又加上年荒岁歉，只要由我去治理，大概三年光景，可以使民气奋发，而且大家都遵守礼制，尊卑上下分得清清楚楚。

孔子 (听了微微一笑，回头问冉有)求，你怎么样？

冉有 有六七十里或五六十里地方的小国，由我去治理，大概三年光景，可以使百姓丰衣足食。至于礼乐，那还待能力比我更强的人来倡导。

孔子 (问公西华)赤，你怎么样？

公西华 (谦逊地)我不敢说能做什么事，但愿有机会学习而已。我很想在行祭礼或朝会的时候，穿着玄端(礼服)，载着章甫(礼帽)，做一个小小的傧相。

孔子　(问曾晳)点，你怎么样?

曾晳　(正在鼓瑟，一曲将终，听见孔子问到他，便铿的一声停止了鼓瑟，把瑟放下，站起身来)我和他们所讲的有点不同。

孔子　那有什么要紧，原不过各人谈谈自己的志趣而已。

曾晳　暮春三月，穿了新制的春服，约同五六位年在二十岁以上的，以及六七个小朋友，到沂水边去举行浴祭，小朋友在神前歌舞，我们唱着歌，恭恭敬敬地把祭品献到神坛上。

孔子　(微微点头，表示同情)我赞成曾点的话。

儒家是主张“礼治”的，他们把祭祀、朝会等等礼节看得很重。只为子路的话说得夸口，公西华和冉有又说得太谦逊了，只有曾晳最实际，所以孔子同情他。从这里，我们可以看到他们师弟之间，情感十分融洽。大概孔子在平时不大用疾言厉色对待他的门弟子的；除了有一次因为冉有帮助季氏聚敛，他大发脾气说：“非吾徒也，小子鸣鼓而攻之可也。”此外就没有看到他对门弟子发过什么脾气。孔门弟子可不少，总数三千人，常常跟他在一起的也有七八十人，他总是“循循善诱”，从不怀疑他的弟子思想上有什么问题，也从不会暗地里派某几个弟子去侦察同学间的思想行动。他容许弟子们随便述说自己的志趣，他的弟子也坦白地讲出来，没有什么顾忌。这才是大教育家的风度。我觉得孔子和蔼可亲，也就在这一点。

其次，孔子所处的时代是一个世卿专权，贤路壅塞，异说蜂起，吾道不行的时代。然而孔子对于和他学说不同或主张不同的人，从来不敌视他们，有时候反而向他们学习。他曾问礼于老聃，访乐于苌弘。他问礼于老子时，老子很不客气地对他说：“去子之骄气与多欲，态色与淫志。”他听了不但没有动气，回来反而对他的弟子们说：“老子其犹龙乎!”他常常受那些玩世不恭的山林隐逸之流(例如楚狂接舆、长沮、桀溺、荷蓧丈人)的讽刺与奚落，然而他总是很谦和地说“隐者也”，或说“小子识之”，从不因此而怀恨，想把那些反对他的人陷害。孔子死后不上几十年——就是战国时代，各派学说蜂起，儒家本身也分为几派。当时“诸子争鸣”，在中国是学术最发达，思想最自由的时代。推论倡导之功，不能不归于孔子。后来汉武帝以独尊儒术为名，实行其学术思想的统制，实在是违反孔子之道的。

更使我钦佩的，是孔子那种“富贵不能淫，贫贱不能移，威武不能屈”的精神。你读过《礼记·儒行》篇吗？当时鲁哀公看不起他，因为他穿的“儒服”不漂亮；然而当他把儒者的特立独行、刚毅、宽裕等等美德一一告诉了鲁哀公之后，鲁哀公就非常起敬，说：“终没吾世，不敢以儒为戏。”事实上孔子及其弟子们也确乎能够言行一致。孔子身干七十二君，东跑西走，席不暇暖，为的是要行道，然而他对于当时的国君，毫不肯有所迁就，往往礼遇稍差，便拂袖而去。他曾遇难于匡，又遇难于蒲，当性命危急之际，仍从容歌吟，一点没有失态；当他因不得已而一见卫灵公夫人南子之后，便很着急地对他的弟子发誓：“予所否者，天厌之，天厌之。”这都是他的信道诚笃，行谨言逊处。他的弟子子路做卫大夫孔悝的邑宰，因蒯聩之乱被杀，临死前冠缨被击断，便说“君子死而冠不免”，遂结缨而死。这在聪明人看来，似乎有点傻；然而这种“临难不苟免”的精神，正是聪明人所缺少的。

因了上述种种，我爱孔子。我希望现在满口“尊孔”的大人先生们须得学学孔子才成，即使学到一点也是好的。

(一)作者所说孔子的可爱处有几点？试扼要说出来。

(二)《论语·先进》篇最后一段记事的原文，可以找来看看。

万世师表/袁俊

（舞台上是学校礼堂的讲台。台上摆着一排椅子，台口有一只讲桌。徐代表朝着台下(即剧场中的观众)在演说。）

徐 诸位师长，诸位同学。今年是林桐教授在校服务的第二十五周年，我们遵照学生会执行委员会决议案，经过学校当局的同意，本校校友会的热烈赞助，在今天——正好是林桐先生五十大庆的吉日——举行这个庆贺的典礼。(台下鼓掌)我想我不必在此地多说，我们全体校友，不论离校的与在校的，对林先生的教育培植是怎样地感激。我也无须再说，我们对林先生的高尚的人格和学识是怎样地钦佩。我只想说一件事，就是：这二十五年来，林先生始终不曾离开母校一步。尤其最近这几年国难期间，林先生两次负责学校的迁移，吃尽千辛万苦，林先生自己的家财在长沙轰炸那一次全部毁尽，林先生的爱子又在徒步入滇那一次去世。林先生忍受了这样大的牺牲，仍然在这里咬着牙，吃着苦，为了我们的知识，为了我们的幸福，为了我们的将来，守着他的岗位。在学校经费窘迫，许多我们钦敬的师长为了生活，陆续离开了我们的今天，我们怎能不对林先生感激涕零呢？这种感激，我们全体同学想不出什么表示的方法，只有在今天，林桐先生五十大庆的良辰，特制了一面小小锦旗，献给我们敬爱的师长林桐先生。(台下大鼓掌)学生会派我致颂词，我口钝，不会说话，并且林桐先生曾一再嘱咐，这个仪式愈短愈好，所以我不想再饶舌了。但是在献旗之前，我还有个好消息报告，就是：学校当局已经聘林先生当文学院院长兼文史系主任。(台下鼓掌)我知道林先生是不会重视这个的，但是在我们敬爱林先生的人，这件事的确值得我们欢欣鼓舞。好，现在请大家鼓掌欢迎林先生林师母。（剧场观众席中掌声雷动，有人回头向后看，大家陆续地向后望着。王代表引着林桐和他的太太方尔柔进来。方大病初愈，靠着林桐颤巍巍地走着。如雷的掌声又起。)（林桐一面和大家点头为礼，一面随着王代表走上讲台。代表请林桐和方尔柔坐在正中的椅子上。一个司仪拉开喉咙喊。)

司仪 献旗。

（王代表捧了旗子站起来，把旗子打开，蓝缎子的旗子上绣着四个大字“万世师表”。在全体学生热烈的掌声中，王代表把旗子献给林桐。林桐鞠躬受旗，台下掌声雷动。)

司仪 林桐先生致训词。

（在掌声中林桐走到讲桌前。他感动得几乎说不出话来，只是张着手劝大家安静。)

林 (声音里带着颤抖)诸位先生，诸位同学，诸位朋友。(台下慢慢静了下来)诸位这种热烈的诚意，我，林桐实在是太感激，太感激了。(顿了一顿)方才主席说我二十五年来吃了千辛万苦。不，这句话是不对的。不，教书不是一件苦事情，教书是一件顶快乐的事情。这二十五年来，我无时无刻不感谢我的学校，感谢我的诸位学生，给了我这种快乐。(顿了一顿)当然，我也难免有痛苦的时候，甚至有遭遇到不能忍受的打击的时候——在这国家民族的生死关头，有谁不会受到呢？现在想来，这都是上帝试验我林桐的毅力和决心的时候。我现在才明白，当初我的岳父方义逵先生——他也是这个学校里的一位老教授——我现在才明白他常说的一句话：“凭了一时的冲动做一件勇敢的事容易，长久地艰苦地守着一个理想那才是真难。”我不责备那些离开了教育的岗位，改了行去就报酬更好的事业的同事们，他们也有他们不得已的苦衷。但是，让能够苦守住这个岗位的苦守着吧!要知道，多一个发国难财的，国家就多损失一分元气；多一个死守岗位的，国家就多增加一分力量呵。(台下鼓掌)这个国家三十余年都没有断过灾难，像一个先天不足的婴儿，要长大成人，健硕壮强，是必须经过一番病痛的。但是那个日子会来的，那个日子就要来了。只要我们每个国民守着我们每个人的岗位，尽我们每个人的责任。不要再给这个国家添病痛，不要使自己变成它的疮疥，它的赘疣吧。(台下大鼓掌。林又顿了一顿)我现在明白了，我甚至感谢上帝生我在这样一个苦难的时代。但是我已经说了，我不是一个坚强的人——我不知道世上真有绝对坚强的人不，假如没有人经常地在他旁边鼓励他，陪伴他，唤醒他。我，是有的。我感谢我的这些朋友。第一个是我的岳父方义逵先生，他的鼓励在他去世后的第二十五年还能提醒我——我的责任。第二个是你们诸位，你们的热烈的情绪使我永远不敢懈怠。至于第三个，我以最大的骄傲来说，是(回头看看)我的妻子方尔柔女士。(台下大鼓掌)她不但同我共了二十五年的甘苦，她给我的帮助，鼓励和安慰是没有言辞可以表达的，她站在我身边的时候，我就有了向一切奋斗的勇气。尔柔，我感谢你。

(台下大鼓掌，有人大呼。)

呼声　请林师母说话!

(众人附和。方尔柔颤巍巍地站了起来。她对劝她讲话的徐代表谦让着，但是台下拼命鼓掌要求。最后她屈服了，台下才静了下来。)

柔　(笑着)我说什么呢？你们要我说什么呢？要我帮着你们恭维林桐吗？该说的话都已经说了。要我替我的丈夫谦虚吗？我觉得你们说他的那些话他都当得起。——那么，让我告诉你们这一句话吧：林桐不但是个好教授，而且是个好丈夫。(台下笑了)说句笑话吧，在我们结婚这二十多年之中，我们没有吵过一次架。(台下大笑)唔——(有点怀疑自己的话，回头问林桐)我们吵过吗？

林 呃，两次，就只两次。(台下大笑)

柔 你看，就是吵过我也忘了。(台下又大笑)今天，你们为做了二十五年的好教授，送他一面旗子；我为他做了二十四年的好丈夫，也要送他一样东西。(她打开带着的一个小包袱，抖出一件东西，原来是条裤子)

(台下大笑)

柔 你们一定以为这可笑吧？可是这条裤子对我却是一件神圣的东西。(台下又静了下来)林桐头一天到我家里来的时候，就是穿的这条裤子。二十五年了，我还收着它。民国二十七年学校在长沙被炸的时候，我们的全部家产都炸光了，只留下了这条裤子。我一直拿它当宝贝似地藏着。你们知道吗？林桐教授已经五年没有新裤子穿了，他身上穿着的已经补得无可再补了。我今天就把这条裤子送给他吧。我现在是什么都没有了，真的什么都没有了，我的一切全——给了他了！

(台下大鼓掌。林桐在掌声中接受了尔柔的礼物。泪水挂在两个人的颊上。徐代表兴奋地大呼。)

徐 林桐先生万岁！

台下 林桐先生万岁！

徐 林桐夫人万岁！

台下 林桐夫人万岁！

(在一片万岁声中，司仪喊着“礼成！”幕渐渐地落下来，林桐和尔柔手拉着手，感动得不住地向台下点头。)

(一)《万世师表》是一本四幕剧，这里选的是第四幕的第二景，也就是末了的部分。看了这一部分，可以大略知道全剧的情节与主旨。试问，这本戏的主旨是什么？

(二)这一篇只是几个人的演说词。希望读者上口念诵，体会各人的心绪和感情，在念诵的声调中传达出来。

(三)这一场戏，舞台上布置成学校礼堂的讲台，把台下的观众当作参加庆贺会的校友。这是台上台下打成一片的办法，使观众感觉自己身入戏中，不仅是戏外的旁观者。

朦胧的敬慕/萧 乾

也许有人比我更怕死，我却不相信有人比我更怕看死人的了。走在街上，我从没有胆子向寿衣铺里望望。半夜里，即使是很远很远地方飘来的磬钹声或诵经声也骇得我用棉被厚厚的裹起头来，好像那是什么符咒似的。

我曾经见过三位死人，在我的记忆中，他们都将是我永不会忘记的。而且，我还得陈说我例外地没有觉得害怕。一个黄昏，我的母亲死在我的怀抱里；小学时代，曾经排着队去中央公园瞻仰孙中山先生的遗体；最近，在鲁迅先生灵前我又担任了两天的照料差使。

扶着那绛色的帏幔，我看见了数千张陌生的可是诚笃的脸。一个个脚跟都像拖了铅球，那么轻又那么沉重地向灵堂里踱。低垂的头，低垂的手，低垂的眉眼和心。待踱到中间，冥冥中好似有什么使他们肃然停足了，崇敬和哀悼如一双按住的手，他们的身子都极自然地弯屈了。然后，噙了一滩湿湿的眼泪，用手帕堵着嘴，仓卒地走了出去。

最感人的莫如一群小学生的来吊。在近三十个小吊客中，我特别留心那一个衣服褴褛，腿有点儿跛的。肋下挟着的书册和石板说明他们刚刚放学，如今正是回家或在街头玩耍的时候，然而他们结了伴跑到了这里。那个微跛的孩子，一拐一拐地，一直走到灵前。两只颇为清秀的眼睛直望着鲁迅先生的遗体。然后，放下肋下的书册；深深地鞠下躬去。我不信他在学校里作了那么些纪念周，还不知道“三鞠躬”的敬礼，然而在我数到第三次以后，他仍然屈着他的小腰身，他一连鞠了七个躬，才红涨着脸，也红涨着眼睛，走出灵堂。

如果换一个场合，我将忍不住笑出来。然而那时候我却用最深的敬意替他掀开帏幔，眼光一直送他走下殡仪馆的台阶。

那个背影唤起我一点回忆。十多年前一个傍晚，如一切贪爱窗外景色的孩子一样，四点钟以后的时间对我变了滋味，换了鲜艳颜色，然而我放下了玩具和玩伴，沿着朱色的皇城墙走了好长好长一段路，去瞻仰一位“民国创造者”的遗体。充满在胸中的，一半是对“死尸”的恐惧，一半是对“伟大”的钦仰。我们跨进那座公园的大门时，紫金城角的太阳已经向下沉了。我们喘着气向陌生的大人打听路线，好容易才攀上了一道高大石阶。在花圈与花篮的簇拥中，我们看到安息了的孙中山先生。

我记得，当时我的心一点也没有跳!

我们环着那铜棺走了一个圈子，又蹑着脚走了出来。

抬起头来，紫金城角的太阳已经沉下去了。我似乎打了个冷战，然而，除了模糊的“伟大”，我并没有摸清楚死的是什么人。只是冥冥中有一种超乎孩子胸膛容量的哀戚或尊敬感觉梗塞在我的喉咙间，我去不掉它。

归途中，我们放蚌贝洋画的袋子里，都塞满了传单：有工人发的，有大学生发的，有国民党的，有共产党的，说明孙先生的生平和抱负(这些传单我都保留着，直到六年前，一个朋友将我寄存的最珍贵的东西，如小学时代的作文簿，全当作烂纸卖掉了)。当时我们其实一点不懂，但当孙传芳乱批三民主义，张作霖满街捉国民党时，我却私下藏了一本《孙中山传》。

伟大的人格也许有一种潜默的力量，这力量在茫然无识的孩子心灵上往往比成人更深刻，更恒久。

如果鲁迅先生这时醒转过来，我不知道他将怎样热烈地抱起那个微跛的孩子。

(一)那微跛的孩子所表现的唤起了作者幼年的经验，彼此情形相类，所以串在一块儿说。

(二)最怕死人的人却有例外，对于“三位死人”没有觉得害怕”，那是敬慕心切，把恐惧心消除了。在“三位死人”中，对于母亲没有说到什么，是什么缘故?

教学合一

/陶行知

现在人叫在学校里做先生的为教员，叫他所做的事情为教书，叫他所用的方法为授法；好像先生是专门教学生一些书本知识的人，除了教以外，便没有别的本领，除了书以外，便没有别的事教；而在这种学校里的学生，除了受教以外，也没有别的功课。先生只管教，学生只管受教，好像学的事体都被教的事体打消了。论起名字来，居然是学校；讲起实在来，却是个教校。这都因为重教太过，所以不知不觉的与学分离了。然而教学实在是不能分离的，实在是应当合一的。依我看来，教学要合一，有三个理由：

第一，先生的责任不在教，而在教学，在教学生学。世界上的先生大致可分三种：第一种只会教书，只会拿一本书要儿童读它，记它，把活泼的小孩子变做书架子，字纸篓。先生好像书架子字纸篓的制造家；学校好像书架子字纸篓的制造厂。第二种先生不是教书，而是教学生。他们把注意的中心点，从书本上移到了学生身上。不像从前那样拿学生来配书本，他们拿书本来配学生了。而且不限于书本，凡是学生需要的，他们都拿来给他们。这种先生固然比第一种好得多，然而学生还是处在被动的地位。先生即使尽心竭力，愿将自己所有传给学生，然而世界上新理无穷，先生能完全明了吗？既不能完全明了，那他们传给学生的还是有限的；其余的还得待学生自己去寻求。然而学生惯于事事要先生传授了，怎么能自己去寻求呢？所以拿现成的材料教学生，总之不是妥当的办法。那么，先生究竟应该怎样才好？这就说到第三种先生了。第三种先生不是教书，也不是教学生，而是教学生学。教学生学是什么意思？就是把教和学联络起来，先生一方面负指导的责任，一方面负学习的责任。对于一个问题，先生不拿现成的解决方法传授学生，却把怎样找出这个解决方法的手续程序安排停当，指导学生，让他们以最短的时间，经过相类的经验，发生相类的理想，自己将这个方法找出来；并且能够利用这种经验理想找出别的方法，解决别的问题。学生有了这种经验理想，才可以随时随地探求知识；对于世界上一切真理，才可以取之无穷，用之不竭。这就是孟子所说的“自得”，也就是教育家所主张的“自动”。要学生能够自得自动，必先有教学生学的先生。这是教学应该合一的第一个理由。

第二，教的方法必须根据学的方法。从前的先生只管照自己的意思去教学生，学生的才能兴味，一概不顾，只知拿学生来凑他们的教法，配他们的教材。结果是先生收效很少，学生苦恼太多，这都是教学不合一的流弊。如果教的方法根据学的方法，那时候先生就费力少而成功多，学生一方面也就乐于学了。所以怎样学就须怎样教：学得多教得多，学得少教得少，学得快教得快，学得慢教得慢。这是教学应该合一的第二个理由。

第三，先生不但要拿教的方法和学生学的方法联络，并须和自己的学问联络。做先生的应该一面教一面学；先生不是知识的贩子，贩了一些知识就可以终身发卖的。现在教育界的通病，就是各人拿从前所学的抄袭过来，传给学生。看他们书房里书架上所摆设的，无非是从前读过的几本旧教科书；就是这几本书，也未必去温习，不用说研究新的学问，追求新的进步了。先生既没有进步，学生怎么能有进步呢？这也是教学分离的流弊。好的先生就不是这样，他必然一方面指导学生，一方面研究学问。因为时常研究学问，自能时常找到新理。这不但能使学生多得益处，而且时常有新的发见，也是做先生的一件乐事。孔子说："学而不厌，诲人不倦。"真是过来人经验之谈。先生必须学而不厌，才能诲人不倦；否则年年依样画葫芦，怎能不觉得十分枯燥呢？所以，要想享受教育英才的快乐，须把教学合而为一。这是教学应该合一的第三个理由。

以上说了三个理由，第一个和第二个理由是说先生的教应该和学生的学联络，第三个理由是说先生的教应该和自己的学联络。有了这样的联络，然后先生学生都能自得自动，都有机会和方法找出那无价的新理了。

(一)本篇主要的意思，自然是就先生方面说的，先生必须做到教与学合一。如果就学生方面说，学生并不着重在接受一套现成材料，最要紧的是自己能将解决问题的方法找出来。养成了这种习惯，就随时随地可以探求知识了。

(二)试考察学校的实际情形，教与学是否合一？如果不怎么合一，学生该自己补救，随时随地锻炼解决问题的能力。

“开卷有益”/傅彬然

《渑水燕谈》：“宋太宗诏撰《太平御览》等书，日览二卷，因事有阙，暇日追补。尝曰：‘开卷有益，朕不以为劳也。’”这是“开卷有益”一语的来历。自从有了这一语，就有人拿来劝勉“读书人”。民国八年五四运动以后，我国青年学生为了参加爱国运动，往往罢课请愿，游行示威，那当然不免荒废学业，于是产生了蔡孑民先生的“读书不忘救国，救国不忘读书”的名言。曾经在一本什么书上，见过这样一段故事；张敬尧做湖南督军的时候，擅自出卖湖南的官产，长沙学生便游行示威，表示反对。张氏的弟弟派兵将学生团团围住，他自己向学生训话，长至一两个钟头。开头是一串的骂人的话，着实其势凶凶；可是临了并没有用逮捕监禁之类的手段，只捧出了“开卷有益”一语来，要学生闭门读书，别管闲事。

赞成“开卷有益”的人固然很多，表示异议的可也不少，甚至有以为开卷非但无益简直有害的。

我们的“亚圣”孟老夫子早就说过“尽信书不如无书”的话。说开卷有害最激烈的，大概要推清初颜李学派的两位大师。他们大骂宋儒高谈心性，不务实际；说理学家半日读书，半日静坐是野和尚，并非孔孟之道。颜习斋的一位门生就《中庸》里的“好学近乎知”一句问习斋，习斋说：“你心中是否以为多读书就可以破除愚见？”门生答：“是的。”习斋却说：“不然。试观今天下秀才晓事否？读书便愚，多读更愚；但书生必自智，其愚却益深。”习斋又说，“人之岁月精神有限，诵说中度一日，便习行中错一日；纸墨上多一分，便身世上少一分。”他甚至于把读书比作吞砒霜。李恕谷说：“纸上之阅历多，则世事之阅历少；笔墨之精神多，则经济之精神少。朱明之亡以此。”这一类的话，在颜李的著作中说得很多，这里不过略举数例而已。当代教育家陶行知创导生活教育的学说，反对书本教育，主张生活实践，其实颜李学派中人有许多话，比陶行知说得还要透辟。

说起陶行知，他也是反对开卷有益一派中的一位代表。他说：“中国有三种人：书呆子是读死书，死读书，读书死；工人，农人，苦力，伙计是做死工，死做工，做工死；少爷，小姐，太太，老爷是享死福，死享福，享福死。”因此他主张“读活书，活读书，读书活”。他以为“中国人是吃书的人多，用书的人少。现在要换一个方针才行。”“我们与其说‘读书’，不如说‘用书’”。

那么开卷究竟有益呢，还是有害？对于这问题，不是三言两语答复得了的。且先来谈谈什么是“书”。

现在的书，一般是在白纸上印上黑字。黑字是符号。符号所代表的是古今中外人们的经验。所谓发明，发见，学说，思想，技巧，情感等等，都是经验的结晶。所以书实在是古今中外人类经验的重要贮藏所。

人类的经验又是怎样产生的呢？人类为了应付某种环境，满足某种需要，必得寻求适当的方法去适应它，满足它。一旦在无意中发见了某种方法，或者有意地发见了某种方法，居然把问题解决了，需要满足了，心里自然很高兴。在这样的活动中，人们获得了有价值的动作，思想，感情。以后遇到相同的或相似的生活环境的时候，就会用这种有价值的动作，思想，感情去应付。所谓经验就是这样从生活实践中产生的。复杂的经验累积起来，加以组织，便是学问，科学。为有土地测量的需要，结果产生了几何学；为有航海与农耕的需要，结果产生了天文学；为有商业的需要，结果产生了算术：都是一般人所习知的。

经验，知识，学问都从人们的生活实践中产生，而经验，知识，学问的作用，主要在于指导人们的生活实践。读书的目的无非要从书籍中吸取了别人的经验，知识，学问，再通过自己的体验，思考，批判，研究，来指导自己的生活实践。由此我们可以推知，读书只是一种手段，新经验，新知识，新学问还得从生活实践中去获得。

从前科举时代，读书人会背《四书》、《五经》，会做八股文，试帖诗，会写蝇头小楷；然而他们也许不辨菽麦，不会处理日常生活，甚至于一封家信一个便条都写不通。这个话似乎不容易使人相信，可是这种情形不但的确有，而且相当普遍。对于这种读书人，一般人称他们为书呆子。现在时代进步了，教育方法革新了，情形不同了。然而我们还可以见到有些青年朋友，他们会写诗歌小说，会谈主义，可是写不成一封像样的书信，懂不得一般政治社会上的真实情势。这班朋友可以称为新式书呆子。书呆子虽有新旧之别，产生的根源却是一样的，就是他们没有了解书的性质，不知道书应该怎样读；他们把读书与生活实践分成两橛了。

我们如果稍加思索，还可以知道“书籍是经验，知识，学问的贮藏所”这句话是有漏洞的。陶行知以为知识有真伪的分别。思想与行为结合而产生的知识是真知识；真知识是从生活实践里来的。不从生活实践里来的就是伪知识。所以他说：“知识的一部分藏在文字里。……经验比如准备金，文字比如钞票，钞票是准备金的代表，好比文字是经验的代表。银行想做正经生意，必须依据准备金发行钞票；钞票决不可滥发。学者不愿自欺欺人，必须依据经验发表文字；文字决不可滥写。滥发钞票，钞票不值钱；滥写文字，文字也不值钱。”他的结论是：“只有从经验里产生出来的文字才是真知识的文字；凡是不从经验里产生出来的文字都是伪知识的文字。伪知识的文字比没有准备金的钞票还要害人，还要不值钱。”

伪知识又从哪里产生的呢？其中有一部分也许是无意中产生的；至于大部分的伪知识，陶行知以为是“特殊势力”造成的。所谓特殊势力，在从前是皇帝。创业的皇帝大都是天才，天才必忌天才。天下最厉害的无过于天才而有真知识。假使政治天才从经验中得了关于政治的真知识；皇帝的江山就坐不稳了。皇帝要把江山当做子孙万世之业，他一定要收拾天才。收拾天才最好的办法是使天才离开真知识，接近伪知识。谁遵从了皇帝的意旨走进伪知识的圈子，谁就有饭吃，有官做，还可以荣宗耀祖，光大门楣。皇帝引诱人走进伪知识圈子的最重要的方法是科举制度，这制度教人把心智才力全都用在圣经贤传上，全都用在赶考应试上，再不存什么非分之想。“天下英雄尽入吾彀中”，唐太宗看见济济一堂的新进士，在快意之余，不禁把这个秘密泄露出来了。

伪知识的流毒固然甚大，然而伪知识终究是没有准备金的钞票，经不起现实的试炼。所以历代都有一些有为自好的人，他们不受皇帝的牢笼，自己从生活实践里获得种种真知识。到了现在，皇帝的时代早已过去了，用伪知识牢笼士子的时代当然也过去了。然而希望青年离开真知识接近伪知识的人，不能说没有。同时，伪知识的性质和花样，也许因社会情形的复杂而更见复杂。所以，我们要从书籍里吸取知识，还得戴上一副鉴别真伪的眼镜才行。

这篇短文写到这里为止，还保留着一个问题：“开卷究竟有益呢，还是有害？”这个问题应该怎样解答，让读者自己去想吧。

(一)反对“开卷有益”的人并不是真的不赞成读书，他们是反对只知读书而忘了实践。实践是目的，读书是手段；忘了本来的目的，却把手段错认作目的；的确应该反对。

(二)知识既有真伪的分别，我们读书当然应该读真知识的书，不必读伪知识的书。但是，我们如果有了鉴别真伪的眼光，遇见伪知识的书，还可以看出它何以会伪；这也不是无益的事。

甲种本

[下]

第三册

说话/朱自清

谁能不说话？除了哑子。有人这个时候说，那个时候不说；有人这个地方说，那个地方不说；有人与这些人说，与那些人不说；有人多说，有人少说；有人爱说，有人不爱说。哑子虽然不说，却也有伊伊呀呀的声音，指指点点的手势。

说话并不是一件容易事。天天说话，不见得就会说话；许多人说了一辈子话，没有说好过几句话。所谓“辩士的舌锋”，“三寸不烂之舌”等赞词，正是物稀为贵的证据；文人们讲究“吐属”，也是同样的道理。我们并不想做辩士、说客、文人；但人生不外言动，除了动就只有言，所谓人情世故，一半儿是在说话里。《尚书》里说：“唯口，出好兴戎。”一句话的影响，有时是你料不到的，历史和小说上有的是例子。

说话即使不比作文难，也决不比作文易。有些人会说话不会作文，但也有些人会作文不会说话。说话像行云流水，不能够一个字一个字推敲，因而不免有疏漏散漫的地方，不如作文的谨严。但那行云流水般的自然，却决非一般文章所及——文章有能到这样境界的，简直当以说话论，不再是文章了。但这是怎样一个不易到的境界!我们的文章哲学里虽有“用笔如舌”一个标准，古今有几个人真能“用笔如舌”呢？不过文章不甚自然，还可成为功力一派，说话是不行的；说话若也有功力派，你想，那怕真够瞧的。

说话到底有多少种，我说不上。约略分别：向大家演说，讲解，乃至说书等是一种；会议是一种；公私的谈判是一种；法庭受审是一种；向新闻记者谈话是一种——这些都可称为非正式的。正式的并不一定全要拉长了面孔，但拉长了的时候多。这种话都是成片段的，有时竟是先期预备好的。只有闲谈，可以上下古今，来一个杂拌儿；说是杂拌儿，自然零零碎碎，成片段的是例外。闲谈说不上预备，满是将话搭话，随机应变。说预备好了再去闲谈岂不是个大笑话？这种种说话，大约都有一种公式，就是闲谈也有——“天气”常是闲谈的发端，便是一例。但公式是死的，不够用的，神而明之，还在乎人。会说话的教你眉飞色舞，不会说的教你昏头搭脑；即使是同一个意思，甚至同一句话。

中国人很早就讲究说话。《左传》、《国策》、《世说》是我们三部说话的经典。一是外交辞令，一是纵横家言，一是清谈。你看他们的话多么宛转如意，句句字字打在人心坎里。还有一部《红楼梦》，里面的对话也极轻松，漂亮。此外汉代贾君房号为“语妙天下”，可惜留给我们的只有这一句赞词；明代柳敬亭的说书极有大名，可惜我们也无从领略。近年来的新文学，将白话文欧化；从外国文中借用了许多活泼的，精细的表现，同时暗示我们将旧来有些表现重新咬嚼一番。这却给我们的语言一种新风味，新力量。加以这些年言论的不自由，使一般报纸都变乖巧了，他们知道用侧面的，反面的，夹缝里的表现了。这对于阅者是一种不容避免的好训练；他们渐渐敏感起来了，只有敏感的人，才能体会那微妙的咬嚼的味儿。这时期说话的艺术确有了相当的进步。论说话艺术的文字，从前著名的似乎只有韩非的《说难》，那是一篇剖析入微的文字。现在我们却已有了三篇：俞平伯君的《文训》，鲁迅君的《立论》和秋郎君的《骂人的艺术》，都是精警之作。这足够证明我所说的相当的进步了。

中国人对于说话的态度，最高的是忘言，但如禅宗的“教”人

“将嘴挂在墙上”，也还免不了说话。其次是慎言，寡言，讷于言。这三样又有分别：慎言是小心说话，小心说话自然就少说话，少说话少出错儿。寡言是说话少，是一种深沉或贞静的性格或品德。讷于言是说不出话，是一种浑厚诚实的性格或品德。这两种多半是生成的。第三是修辞或辞令。至诚的君子，人格的力量照澈一切的阴暗；他用不着多说话，说话也无须乎修饰。只知讲究修饰，嘴边天花乱坠，腹中矛戟森然，那是所谓小人；他太会修饰了，倒教人不信了。他的戏法总有让人揭穿的一日。我们是介在两者之间的平凡的人，没有那伟大的魄力，可也不至于忘掉了自己。只是不能无视世故人情，我们看时候，看地方，看人，在礼貌与趣味两个条件之下，修饰我们的说话。这儿没有力，只有机智；真正的力不是修辞可得的。我们所希望的只是：说得少，说得好。

(一)第二节从“我们并不想做辩士”到节末，这两句话表达什么意思？

(二)第四节最主要的话是哪一句？

(三)作者所主张平凡的人对于说话的态度，你能同意吗？

谈气节 /宋云彬

翻开一部《二十四史》来看，所谓“忠臣义士”大抵出现在改朝易姓或内乱外患的时候，这便是所谓“疾风知劲草”。

那些忠臣义士，有的为辨是非，有的为明顺逆，有的为反对暴君专制，有的为抵抗异族侵略……不顾一身的利害，全家的性命，英勇地、坚韧地干下去，有杀身成仁的，也有被驱逐，被追捕，隐姓埋名，遁迹山林以没世的。他们在生前虽享受不到什么势位富厚，然而名垂竹帛，彪炳千秋；中华民族也赖以维系不坠，这就是中华民族的脊梁。

远的且不说，明清之际，就有许多忠臣义士凭藉一隅之地，与外来异族作殊死战。到了最后，海上漂泊，落日狂涛，君臣对泣。他们虽没有能够挽回颓势，复兴明室，然而史迹流传，已足使后人闻风兴起。而黄宗羲的《明夷待访录》，二百年后还是“光复中华”的绝好宣传资料。假使当时的武将均是吴三桂之流，文臣都是阮大铖、马士英之流，那么，大家安心做奴隶，做下去，做下去，满清王朝永远不会推翻了。

在封建社会里，还谈不到什么“主义”，这些忠臣义士是凭藉什么来成就他们的志愿的呢？就是气节。

气节，宋朝的文天祥称之为“正气”。他作《正气歌》说：“天地有正气，杂然赋流形。下则为河岳，上则为日星。于人曰‘浩然’，沛乎塞苍冥……时穷节乃见，一一垂丹青：在齐太史简，在晋董狐笔，在秦张良椎，在汉苏武节；为严将军头，为嵇侍中血，为张睢阳齿，为颜常山舌；或为辽东帽，清操厉冰雪，或为《出师表》，鬼神泣壮烈，或为渡江楫，慷慨吞胡羯，或为击贼笏，逆竖头破裂。是气所磅礴，凛烈万古存。当其贯日月，生死安足论……”他在这首歌里列举了历史上许多气节之士：有秉笔直书的史官，有志切复仇的壮士，有不辱君命的使臣，有不怕斫头的将军，有以血肉之躯膏贼斧的忠臣，有困守孤城战死不屈的义士，有骂贼而死的颜杲卿，有隐遁终身的管幼安，有认定“汉贼不两立”的诸葛亮，有高呼“不清中原，誓不复渡大江”的祖士雅，有用朝笏痛击叛将的段秀实，这些人都是中华民族的脊梁，也是后人的模范；文天祥就以这些古人为模范而成就他的志愿的。

对于气节，东汉的光武帝曾特别表彰过。他对于不受公孙述胁诱的谯玄、李业等，都加褒扬，对于立志不做官的庄光(严子陵)、周党、王霸等，都曲加优容，不去强迫他们。所以东汉的士大夫大都把气节看得很重，后来的史家也极口称赞东汉风俗的淳美。然而那时候是封建社会，又没有强悍的异族来侵凌我们(那时候，北方的匈奴内部分裂，势力已经衰微了)，所以士大夫都抱的个人主义，还谈不到民族意识。到了东汉末年，士大夫只借气节来高自标榜，沽名钓誉。那时候的士大夫虽也曾和“口含天宪，手握王爵”的宦官作过一番轰轰烈烈的斗争，然而一部分人却只知道明哲保身。例如有名的郭林宗，他尽有资格领导当时的士大夫从事政治斗争，可是他连“危言激论”都不敢说一句，而徐孺子还规劝他道：“大厦将倾，非一木所能维，何为栖栖皇皇，不遑宁处！”这成什么话!这类士大夫就像现在蛰居平津或远遁香港的学者文人，或高谈学问，或大呼“为艺术而艺术”，或要求“抗战以外的文艺”，他们不敢正视现实，不敢颂赞抗战，充满着悲观情绪，只知道远祸避害。这些人就根本谈不到气节。

东汉表彰气节的结果，反被士大夫借此来作标榜，到了曹操就来个反动，他全不看重气节。他曾下过诏书说，有像盗嫂的陈平那样的人才吗？我将重用他。这就是说，我只问才不才，品行倒在其次。然而这究竟是不行的，我们只要看魏晋禅代之际，就很少有忠臣义士来替曹家抱不平了。

从魏晋南北朝一直到隋唐，中原长时期地受北方游牧民族的武力侵略，汉族之间，也篡夺相寻，士大夫过惯了乱离生活，看惯了篡夺把戏，民族意识渐渐淡漠，志操节概更不重视。固然也有“渡江击楫”的志士，然而汉人在北朝做官的，没有人以“汉奸”的恶谥加到他们身上。就像庚信，他身仕北朝，不忘南国，然而他不能效学苏武持节牧羊，只在《哀江南赋》里说些“鹤讶今年之雪，龟言此地之寒”的可怜话。后人说他“暮年哀感动江关”。只是哀感而已，谈不到气节。到“五代十国”时候更糟了，像冯道一流人，只知道做官，无论来的是沙陀后裔，突厥别种，他一律欢迎，照例称臣，到老还要写自传，以“长乐老”自傲。你说他有气节吗？那时候的士大夫本来就不大懂得什么叫气节的。金元之际的元好问是被推为一代儒宗的，然而他曾替叛帅崔立撰功德碑，又曾和郑德辉去觐见元世祖，真可谓气节扫地了。直到宋朝末年，陆秀夫、文天祥等以百折不回的精神，领导汉族作抵抗侵略的战争，不但提高了一般民众的意识，连久已消沉了的气节也重新为士大夫所重视。“人生自古谁无死，留取丹心照汗青”这种高风亮节，谁能不受感动呢？

像前面说过的明朝末年士大夫气节的表见，并不比宋朝末年减色。记得黄梨洲说过这样沉痛的话：历代亡国，没能比明朝更可想念的了，忠臣义士，前仆后继，事虽不成，精神却长留于天地间。清朝初年，许多逊朝遗民坚持不受朝廷的征辟。王夫之为了不肯剪发，宁愿遁迹深山穷谷。吴梅村受清廷逼迫，不得已做了国子祭酒，临死时遗嘱在墓碑上但题“诗人吴梅村之墓”，可见他内心的苦痛。稍后的学者如全祖望辈，还隐然以明遗民自居。虽经乾隆大兴文字狱，严厉检查书籍(修

《四库全书》)，终不能掩没他们的光辉。

清朝末年，康有为以“今文学派”的立场，主张保全清室，变法维新。他数典忘祖，更忘记了今文学派的家法，不去劝德衰祚薄的清帝让位，反而呶呶不休地说什么“保皇”，所以他经不起同是经学家而站在“古文学派”立场上的章太炎的一击。那时候，明末时许多可歌可泣的事迹和那些不为威屈利诱的气节之士，又被一般人记起，鼓吹，颂赞，无所不至。辛亥前后，许多革命志士赴汤蹈火，甘之如饴，可以说完全受的这种影响。

清朝亡后，许多遗老中，有死不肯剪去辫子的，有投水自杀的(如梁鼎芬)，他们自以为“不事二姓”是保持气节。可惜他们读了“圣贤书”，连“夷夏之辨”都没能懂得。然而对于这些人，我们只能可怜他们时代错误，认识不清；就人格而论，他们和现在甘心出卖民族的汪精卫之流是不可同日而语的。

我引证了许多历史上的事迹，无非想证明气节的可贵而已。无论在什么社会里，封建制度也好，资本主义也好，社会主义也好，气节总是应当宝贵，应当提倡的；尤其是知识分子，应当担负起这个责任来。

(一)这一篇中称引历史事迹特别多，好像不太容易理解；可是读者对于本国史的修习如果相当用心，该早已熟悉那些事迹了。

(二)现代政治和社会的情形，与古代不同；现代人要保持气节，该怎么样?

故乡 /鲁迅

我冒了严寒，回到相隔二千余里，别了二十余年的故乡去。

时候既然是深冬；渐近故乡时，天气又阴晦了，冷风吹进船舱中，呜呜的响，从篷隙向外一望，苍黄的天底下，远近横着几个萧索的荒村，没有一些活气。我的心禁不住悲凉起来了。

啊!这不是我二十年来时时记得的故乡?

我所记得的故乡全不如此。我的故乡好得多了。但要我记起它的美丽，说出它的佳处来，却又没有影像，没有言辞了。仿佛也就如此。于是我自己解释说：故乡本也如此，——虽然没有进步，也未必有如我所感的悲凉；这只是我自己心情的改变罢了，因为我这次回乡，本没有什么好心绪。

我这次是专为了别它而来的。我们多年聚族而居的老屋已经公同卖给别姓了，交屋的期限只在本年，所以必须赶在正月初一以前，永别了熟识的老屋，而且远离了熟识的故乡，搬家到我在谋食的异地去。

第二日清早晨我到了我家的门口了。瓦楞上许多枯草的断茎当风抖着，正在说明这老屋难免易主的原因。几房的本家大约已经搬走了，所以很寂静。我到了自家的房外，我的母亲早已迎着出来了，接着便飞出了八岁的侄儿宏儿。

我的母亲很高兴，但也藏着许多凄凉的神情，教我坐下，歇息，喝茶，且不谈搬家的事。宏儿没有见过我，远远的对面站着只是看。

但我们终于谈到搬家的事。我说外间的寓所已经租定了，又买了几件家具，此外须将家里的木器卖去，再去增添。母亲也说好，而且行李也略已齐集，木器不便搬运的，也小半卖去了，只是收不起钱来。

“你休息一两天，去拜望亲戚本家一回，我们便可以走了。”母亲说。

“是的。”

“还有闰土，他每到我家来时，总问起你，很想见你一回面。我已经将你到家的大约日期通知他，他也许就要来了。”

这时候，我的脑里忽然闪出一幅神异的图画来：深蓝的天空中挂着一轮金黄的圆月，下面是海边的沙地，都种着一望无际的碧绿的西瓜；其间有一个十一二岁的少年，项带银圈，手捏一柄钢叉，向一匹猹尽力的刺去；那猹却将身一扭，反从他的胯下逃走了。

这少年便是闰土。我认识他时，也不过十多岁，离现在将有三十年了；那时我的父亲还在世，家景也好，我正是一个少爷。那一年，我家是一件大祭祀的值年。这祭祀，说是三十多年才能轮到一回，所以很郑重；正月里供祖像，供品很多，祭器很讲究，拜的人也很多，祭器也很要防偷去。我家只有一个忙月(我们这里给人做工的分三种：整年给一定人家做工的叫长年；按日给人做工的叫短工；自己也种地，只在过年过节以及收租时候来给一定的人家做工的称忙月)，忙不过来，他便对父亲说，可以叫他的儿子闰土来管祭器的。

我的父亲允许了；我也很高兴，因为我早听到闰土这名字，而且知道他和我仿佛年纪，闰月生的，五行缺土，所以他的父亲叫他闰土。他是能装弶捉小鸟雀的。

我于是日日盼望新年，新年到，闰土也就到了。好容易到了年末，有一日，母亲告诉我，闰土来了；我便飞跑的去看。他正在厨房里，紫色的圆脸，头戴一顶小毡帽，颈上套一个明晃晃的银项圈；这可见他的父亲十分爱他，怕他死去，所以在神佛面前许下愿心，用圈子将他套住了。他见人很怕羞，只是不怕我，没有旁人的时候，便和我说话；于是不到半日，我们便熟识了。

我们那时候不知道谈些什么，只记得闰土很高兴，说是上城之后，见了许多没有见过的东西。

第二日，我便要他捕鸟。他说：

“这不能。须大雪下了才好。我们沙地上，下了雪，我扫出一块空地来，用短棒支起一个大竹匾，撒下秕糠，看鸟雀来吃时，我远远的将缚在棒上的绳子只一拉，那鸟雀就罩在竹匾下了。什么都有：稻鸡，角鸡，鹁鸪，蓝背……”

我于是又很盼望下雪。

闰土又对我说：

“现在太冷，你夏天到我们那里去。我们日里到海边检贝壳去，红的绿的都有，鬼见怕也有，观音手也有。晚上我和爹管西瓜去，你也去。”

“管贼么？”

“不是。走路的人口渴了摘一个瓜吃，我们那里是不算偷的。要管的是獾猪，刺猬，猹。月亮地下，你听，啦啦的响了，猹在咬瓜了。你便捏了胡叉，轻轻的走去……”

我那时并不知道这所谓猹的是怎么一件东西——便是现在也没有知道——只是无端的觉得它状如小狗而很凶猛。

“它不咬人么？”

“有胡叉呢。走到了，看见猹了，你便刺。这畜生很伶俐，倒向你奔来，反从胯下窜了。它的皮毛是油一般的滑……”

我素不知道天下有许多新鲜事：海边有如许五色的贝壳；西瓜有这样危险的经历，我先前单知道西瓜在水果店里出卖罢了。

“我们沙地里，潮汛要来的时候，就有许多跳鱼儿只是跳，都有青蛙似的两个脚……”

啊!闰土的心里有无穷无尽的希奇的事，都是我往常的朋友所不知道的。他们不知道一些事，闰土在海边时，他们都和我一样只看见院子里高墙上的四角的天空。

可惜正月过去了，闰土须回家里去，我急得大哭；他也躲到厨房里，哭着不肯出门，但终于被他父亲带走了。他后来还托他的父亲带给我一包贝壳和几枝很好看的鸟毛，我也曾送他一两次东西；但从此没有再见面。

现在我的母亲提起了他，我这儿时的记忆忽而全部闪电似的苏生过来，似乎看到了我的美丽的故乡了。我应声说：

“这好极!他——怎样？……”

“他？……他景况也很不如意……”母亲说着，便向房外看，“这些人又来了。说是买木器，顺手也就随便拿走的，我得去看看。”

母亲站起身，出去了。门外有几个女人的声音，我便招宏儿走近面前，和他闲话；问他可会写字，可愿意出门。

“我们坐火车去么？”

“我们坐火车去。”

“船呢？”

“先坐船。”

“哈!这么模样了!胡子这么长了!”一种尖利的怪声突然大叫起来。

我吃了一吓，赶忙抬起头，却见一个凸颧骨，薄嘴唇，五十岁上下的女人站在我面前，两手搭在髀间，没有系裙，张着两脚，正像一个画图仪器里细脚伶仃的圆规。

我愕然了。

“不认识了么？我还抱过你哩!”

我愈加愕然了。幸而我的母亲也就进来，从旁说：

“他多年出门，统忘却了。——你该记得罢。”便向着我说，“这是斜对门的杨二嫂，……开豆腐店的。”

哦，我记得了。我孩子时候，在斜对门的豆腐店里确乎终日坐着一个杨二嫂，人都叫她“豆腐西施”。但是擦着白粉，颧骨没有这么高，嘴唇也没有这么薄，而且终日坐着，我也从没有见过这圆规式的姿势。那时人说：因为她，这豆腐店的买卖非常好。但这大约因为年龄的关系，我却并未蒙着一毫感化，所以竟完全忘却了。然而圆规很不平，显出鄙夷的神色，仿佛嗤笑法国人不知道拿破仑，美国人不知道华盛顿似的，冷笑说：

“忘了，这真是贵人眼高……”

“哪有这事……我……”我惶恐的站起来说。

“那么，我对你说。迅哥儿，你阔了，搬动又笨重，你还要什么这些破烂木器，让我拿去罢。我们小户人家用得着。”

“我并没有阔呢。我须卖了这些，再去……”

“啊呀呀，你放了道台了，还说不阔!你现在有三房姨太太；出门便是八抬的大轿，还说不阔!吓，什么都瞒不过我。”

我知道无话可说了，便闭了口，默默的站着。

“啊呀啊呀，真是愈有钱，便愈是一毫不肯放松，愈是一毫不肯放松，便愈有钱……”圆规一面愤愤的回转身，一面絮絮的说，慢慢向外走，顺便将我母亲的一副手套塞在裤腰里，出去了。

(一)这里是上半篇，作者在回忆往事之中，叙写了幼年的闰土，以及自己与闰土的交谊。

(二)描写杨二嫂，从她的声音、外貌、对话下手，都非常具体；所以能使读者如见其人，并且如见其心。

故　乡(续)/鲁　迅

此后又有近处的本家和亲戚来访问我。我一面应酬，偷空便收拾些行李，这样的过了三四天。

一日是天气很冷的午后，我吃过午饭，坐着喝茶，觉得外面有人进来了，便回头去看。我看时，不由的非常出惊，慌忙站起身，迎着走去。

这来的便是闰土。虽然我一见便知道是闰土，但又不是我这记忆上的闰土了。他身材增加了一倍；先前的紫色的圆脸，已经变作灰黄，而且加上了很深的皱纹；眼睛也像他父亲一样，周围都肿得通红，这我知道，在海边种地的人，终日吹着海风，大抵是这样的。他头上一顶破毡帽，身上只一件极薄的棉衣，浑身瑟索着；手里提着一个纸包和一支长烟管，那手也不是我所记得的红活圆实的手，却又粗又笨而且开裂，像是松树皮了。

我这时很兴奋，但不知道怎么说才好，只是说：

“啊!闰土哥——你来了？……”

我接着便有许多话，想要连珠一般涌出：角鸡，跳鱼儿，贝壳，猹……但又总觉得被什么挡着似的，单在脑里面回旋，吐不出口外去。

他站住了，脸上现出欢喜和凄凉的神情；动着嘴唇，却没有作声。他的态度终于恭敬起来了，分明的叫道：

“老爷……”

我似乎打了一个寒噤；我就知道，我们之间已经隔了一层可悲的厚障壁了。我也说不出话。

他回过头去说："水生，给老爷磕头。"便拖出躲在背后的孩子来，这正是一个二十年前的闰土，只是黄瘦些，颈子上也没有银圈罢了。"这是第五个孩子，没有见过世面，躲躲闪闪……"

母亲和宏儿下楼来了，他们大约也听到了声音。

"老太太，信是早收到了。我实在欢喜得了不得，知道老爷回来……"闰土说。

"啊，你怎的这样客气起来!你们先前不是哥弟称呼么？还是照旧：迅哥儿。"母亲高兴的说。

"啊呀，老太太真是……这成什么规矩。那时是孩子，不懂事……"闰土说着，又叫水生上来打拱。那孩子却害羞，紧紧的只贴在他背后。

"他就是水生？第五个？都是生人，怕生也难怪的；还是宏儿和他去走走。"母样说。

宏儿听得这话，便来招水生；水生却松松爽爽同他一路出去了。母亲叫闰土坐，他迟疑了一会，终于就坐了，将长烟管靠在桌旁，送过纸包来，说：

"冬天没有什么东西了。这一点干青豆倒是自家晒在那里的，请老爷……"

我问问他的景况。他只是摇头。

"非常难。第六个孩子也会帮忙了，却总是吃不够……又不太平……什么地方都要钱，都有定规……收成又坏。种出东西来，挑去卖，总要捐几回钱，折了本；不去卖，又只能烂掉……"

他只是摇头；脸上虽然刻着许多皱纹，却全然不动，仿佛石像一般。他大约只是觉得苦，却又形容不出，沉默了片刻，便拿起烟管来默默的吸烟了。

母亲问他，知道他的家里事务忙，明天便得回去；又没有吃过午饭，便叫他自己到厨下炒饭吃去。

他出去了；母亲和我都叹息他的景况：多子，饥荒，苛税，兵，匪，官，绅，都苦得他像一个木偶人了。母亲对我说，凡是不必搬走的东西，尽可以送他，可以听他自己去拣择，

下午，他拣好了几件东西：两条长桌，四把椅子，一副香炉和烛台，一杆抬秤。他又要所有的草灰(我们这里煮饭是烧稻草的，那灰，可以做沙地的肥料)；待我们启程的时候，他用船来载去。

夜间，我们又谈些闲天，都是无关紧要的话；第二天早晨，他就领了水生回去了。

又过了九日，是我们启程的日期。闰土早晨便到了，水生没有同来，只带一个五岁的女儿管船只。他们终日很忙碌，再没有谈天的工夫。来客也不少，有送行的，有拿东西的，有送行兼拿东西的。待到傍晚我们上船的时候，这老屋里的所有破旧大小粗细东西，已经一扫而空了。

我们的船向前行，两岸的青山在黄昏中，都装成了深黛颜色，连着退向船后梢去。

宏儿和我靠着船窗，同看外面模胡的风景，他忽然问道：

"大伯！我们什么时候回来？"

"回来？你怎么还没有走就想回来了。"

"可是，水生约我到他家玩去咧……"他睁着大的黑眼睛痴痴的想。

我和母亲也都有些惘然，于是又提起闰土来。母亲说，那"豆腐西施"杨二嫂自从我家收拾行李以来，本是每日必到的，前天她在灰堆里掏出十多个碗碟来，议论之后，便定说是闰土埋着的，他可以在运灰的

时候，一齐搬回家里去；杨二嫂发见了这件事，自己很以为功，便拿了那“狗气杀”(这是我们这里养鸡的器具，木盘上面有着栅栏，内盛食料，鸡可以伸进颈子去啄，狗却不能，只能看着气死)飞也似的跑了，亏她装着这么高底的小脚，竟跑得这样快。

老屋离我愈远了；故乡的山水也都渐渐远离了我，我却并不感到怎样的留恋。我只觉得我四面有看不见的高墙，将我隔成孤身，使我非常气闷；那西瓜地上的银项圈的小英雄的影象，我本来十分清楚，现在却忽地模糊了，又使我非常的悲哀。

母亲和宏儿都睡着了。

我躺着，听船底潺潺的水声，知道我在走我的路。我想：我竟与闰土隔绝到这般地步了，但我们的后辈还是一气，宏儿不是正在想念水生么？我希望他们不再像我，又大家隔膜起来……然而我又不愿意他们因为要一气，都如我的辛苦展转而生活，也不愿意他们都如闰土的辛苦麻木而生活，也不愿意都如别人的辛苦恣睢而生活。他们应该有新的生活，为我们所未经生活过的。

我想到希望，忽然害怕起来了。闰土要香炉和烛台的时候，我还暗地里笑他，以为他总是崇拜偶像，什么时候都不忘却。现在我所谓希望，不也是我自己的手制的偶像么？只是他的愿望切近，我的愿望茫远罢了。

我在朦胧中，眼前展开一片海边碧绿的沙地来，上面深蓝的天空中挂着一轮金黄的圆月。我想：希望是本无所谓有，无所谓无的。这正如地上的路；其实地上本没有路，走的人多了，也便成了路。

(一)下半篇中出现了现在的闰土。现在的闰土不是以前的闰土了，他的处境和意识使他和作者远离。

(二)“他大约只是觉得苦，却又形容不出；沉默了片时，便拿起烟管来默默的吸烟了。”用这样简练的话来描写一个受压迫的乡农，胜过千言万语。

(三)作者和闰土在少年时代是一气的，可现在远离了。宏儿和水生现在是一气的，到将来又怎么样呢？从这里作者引起了希望：希望他们永远一气，希望他们有新的生活。

(四)末了两句话什么意思？

战后访阿尔卑斯 /萧 乾

走进阿尔卑斯山的村落，第一个感觉是俨然像从上海到昆明，或者刚从昆明到芒市。在大城市里，在“文明”城市里，艺术严谨地保存在博物院里，堂皇地陈列在展览会里，可是在这小地方，艺术深浸在生活里。这靠着台根湖的小村落到处都是美。巴伐利亚省的妇人不论多么穷，总有一件绣花衣裳，颜色配合得那么鲜明，图样设计得那么新颖可喜，常使过路人看得失了神。并没有高楼大厦，可是小木屋的门窗总雕刻得精精细细，临街墙壁上总有一幅图画，上面是蝌蝌形的字母。大部分画的《圣经》故事，也有日常生活的描写，如滑雪会之类。小村里的土产，不是精巧的陶器，便是悦目的水彩画。这里的牛群使我想起北平的骆驼，一样沉重的眼睛，项下是清澈动人的铜铃。

早饭吃到炸鸡蛋，对于一个从英伦来的客人原该是惊喜的事，可是更使我高兴的是窗外的风景。饭厅三面都是玻璃窗，窗外便是欧洲的脊背阿尔卑斯山，我居然与这些雪顶的大家伙为邻了，这时候山腰正有一片薄雾，白纱似的横披着。那边一片树林，树叶让秋气染成金黄色。

饭后我们出门逛湖。除了一辆生了锈的坦克，这里毫无经过炮火的迹象。家家檐下挂着成串的腊肉，后园堆满木柴。不像慕尼黑那样硬要军用马克，这里民用马克一样通用。村人和蔼而不阿谀，男男女女都载绿绒帽，白绸带上插着鹅毛。湖作葫芦形，一片清澄的湖水。在葫芦尖端注入一道小溪。黑白色的长耳羊杂在马群中吃草，一些鸡鸭在它们脚下来回。偶有挤牛奶的少女提了重重的奶桶走过，发际的花朵颤颠着。孩子们大都嘻笑着。湖边有一个修道女徐徐走过，黑袍上飘着阔边的白帽。在这样一个乐园里，我突然举起右手来，开玩笑的向一个孩子说“嗨，希特勒”(国社党敬礼)，害得那孩子“哇”的一声哭了。

美国朋友进铺子里买水彩画和木雕去了，我坐在吉普里，让一群孩子密密的围着。金黄的头发，碧蓝的眼珠，漆黑的前途!他们现在年幼无知，长大起来却要背负前一代招来的枷锁。有的孩子想用过期的胶卷向我换烟卷，有的用父亲的铁十字奖章换口香糖。一辆美国宪兵的摩托脚踏车行过，孩子忙把货物收了回去。孩子们吃到我从伦敦带来的巧克力糖的时候，他们的面部表情是无从形容的：又狂喜，又贪婪，又怕一下吃完了，又停不住嘴。望着明蓝的天空以及伸向天空的教堂的尖塔，我为下一代的德国人抱起不平来。野心家的罪不可赦，最主要就在他们贻误后代。为了请求进入法军占领区的许可证，中午我们离开了台根湖，向巴德托兹的美第三军总部开去；在巴德托兹办完了手续，又南折爬过一道不算低的山。山坡上时常有堆满了稻草的牛车，草堆上坐着个挽着花帕的女郎，歌声在晴朗的空中荡漾着。从山坡下望，一片银亮的湖田，边缘上镶着芦苇。阿尔卑斯的兔岩便高踞在我们的顶上。这里接近奥境，许多景物已觉不同了。蒜头式的教堂屋顶代替了尖塔。路旁边每隔数步就有木雕的圣像站立在龛子里，大约是虔信的人许愿修造的。这儿的农家女喜欢把头发梳成辫子，然后环顶盘起来。公路沿了灰褐色的峭岩纡回盘转。松涛哗响着，忽如欢呼，忽如哀啸。

公路从半山腰折下。刚与台根湖道了别，吴深湖又在山脚下闪亮了。秋叶像火焰一般烧红了湖边。灌入湖中的是一道透明的绿溪，遮遮掩掩的沿着一带树林溜过。绿溪以上有百丈飞瀑的悬崖。山谷里是纵横的牛栏，有的空着，有的有牲畜在吃草。牛铃偶尔打破深谷里的静寂。下山穿过一道长林，便到了德奥交界的名镇：一九三六年奥伦比克冬季运动会的会址：加米施镇及帕添加深村。

把行李放在市场旅馆之后，便动手梳洗。伺候我们的是一个匈牙利妇女，矮矮胖胖的，穿着印花布裤，又干净，又温雅，一看就知道不是小家妇女。果然，她的丈夫是匈军的军官，如今可还没有音信。饭是在对面驿站旅馆吃的。战前这里是个时髦场所。墙壁上不是木雕便是水彩画，低矮的屋顶上挂着闪亮的铜器。是行猎的地方，所以墙壁上也少不了长角的鹿头。房中间是瓷盖的大暖炉。喝着奥地利的红酒，望着四壁的艺术品，俨如到了维也纳。

吃饱了饭才有心来玩赏周围的景物。加米施镇是在德奥边界阿尔卑斯最高峰咀格斯比兹峰的紧跟前，山那边便是奥地利。这个镇四面临山，只在北面有两道关隘，一去慕尼黑，一去奥格斯堡。这时候半轮淡月正从重岩叠岭中升起来，把雪峰照得银一般发亮。街上美兵和德国女子挽着臂走过。杂在人群中的有刚下山的牛群，铃子当啷作响。我们便跟着铃声，向村中心荡去。

拐过街角，远远望见一座灯光明亮的门面，走近了原来是军官红十字会，里面有咖啡喝，又有土产纪念品可买。管理员是个细长斯文的德国人。当垆女打扮得非常妖艳，可是问起来才知道身世也非常凄惨，她们的家在苏联区撒克斯尼省，杳无音信。休息室里除了他们三个，只有一个美兵，一边喝咖啡，一边看纽约画报。

那细长斯文的德国人看见了与我同行的美国朋友的官级，赶忙凑过来，用近乎女性的笑容欢迎我们，问要不要点心。搭讪着，他坐了下来。说才从第三军的俘虏营里放出，因为会说英语，而且有招待的经验。他从口袋里取出一份推荐书给我们看。这是一位美国中校写的，说："赫孟某某被俘之后，因为通英语，在营中担任翻译。他屡次有可以逃的机会而不逃，足以证明他为人忠实，大可任用。"那细长斯文的德国人又女性的笑了笑，玩弄着秀长的指甲。问他怎样会有招待的经验，他说直到开战前夜，他专在英法大旅馆里作招待员，像伦敦的陶芝斯特(这时候我与美国朋友互相望了一下。开战以前，纳粹惯派密探往英法大旅馆，从要人的行动侦探政治的倾向)。问他怎么会回德国来，他说怕因国籍受监禁。问他回来之后怎么样，他聪明的说由于职业的关系，德国的秘密警察当然问他英法情况。他说："我咬住了牙，说一概不知。"后来呢？"后来他们征我入伍。穿了制服好不舒服，我暗里巴望德国打败仗。"为什么？"因为我不爱穿制服。德国如果胜了，我恐怕一辈子得穿制服了。"

这种米汤，东京大约也有的是。

正说着，一群军官进来了，大约七八位。可惊的是他们都穿着英国军服。他们在我们邻桌坐下了，自然互相打个招呼。看肩章，七八个人中大都是上尉阶级，其中两个是德语通译。领头的是一位胖大的上校，五十多岁，戴着黑边眼镜，不住的吧哒着烟斗。因为他们谈的大半关于摄影零件，美国朋友便打起岔来。话题渐渐触及各人在本届战争中"解放"的成绩("解放"在这里作"攫取"的意义)。上校衔着烟斗，夸耀起自家的成绩来。他说从诺曼底登陆到德国投降，他一共解放了十辆汽车，五十架各式的摄影机(他问身边一位少校道："我送你的那架康台克斯还好用吗？")，给他儿子解放了价值一百八十英镑的邮票，给太太解放了五百码绸子，还有三四百码哔叽。等他说起解放莱茵酒的瓶数，我忍不住了。我说上次我在柏林军需处买了一瓶威士忌，舍不得喝，带回英国去，海关都硬给上了一镑的税。上校得意的笑了笑，说你们记者还没有专用机。于是他又坦白的谈起"过关术"来了。他的下属却替他不好意思，他们站起来，伸了伸赖腰，说："该走了吧。"

我们喝干咖啡也出来了。原来几码以外就是普通美军的红十字会。那可热闹多了。大厅中心可以跳舞，靠栏杆有小桌子，可以坐下来喝酒。沿墙有女人代修指甲，有艺术家剪纸影，一律免费。今日整个欧洲是这样划分的：有的人在背负着因政治愚盲而战败的枷锁，有的人在尝着胜利的甘果。

(一)这一篇是报纸上的通信稿，与普通游记不尽相同：像那些孩子吃糖的情形，那德国招待员的经历，那上校的“解放”成绩的自述，都是通信稿里的可贵资料。

(二)篇中写村景，写湖景，全用当时所得的印象。

语文杂记 / 吕叔湘

结　果

小时候读《水浒传》，常常看见“手起刀落，结果了他的性命”，以为结果就是杀人的意思。要照字面讲，也未尝讲不通，结果就是结局，性命的结局岂不就是死？

可是有不能这样讲的例子，大率在并未手起刀落的场所。如《水浒》第二十一回(一百二十回本)云：

“阎婆道：‘……我女儿死在床上，怎地断送？’宋江道：‘这个容易。我去陈三郎家买一具棺材与你。……我再取十两银子与你结果’。”

又如《红楼梦》第一零七回，贾母说：

“我所剩的东西也有限，等我死了做结果我的使用。”

照这两条看来，“结果”该是“发送”的意思。

宋人所撰《丁晋公谈录》里有这么一条：

(窦）俨谓其弟僻参政曰：“俨兄弟五人皆不为相，兼总无寿。其间惟四哥稍得，然结裹得自家兄弟姊妹亦住不得。”(案四哥即偶。)

这一条据《百川学海》本及钞本《说郛》(卷九八)所录，都作“结裹”，而《事实类苑》转录作“结果”。可见“结裹”原是宋人寻常言语，“裹”字又简写作“果”，到后来就把本字忘了。用“结裹”作

"发送"讲，是很好懂的；用朴刀来结裹本有点开玩笑的意味，而又写作"果"，就不是一望而知的了。这个字居然在《红楼梦》时代还保有着宋初原义的用法，也可算很长久了。

一不作二不休

"一不作，二不休"是旧时常用的一句成语。小时候读旧小说，常常碰着它，总当它"不作不休"即"非作不可"讲，倒也讲得过去，也没追究为什么要安上个"一"和"二"。后来学着更细心一点读书，才悟出这"一"和"二"是"最好"和"其次"的意思。果然最近得了一个印证。唐赵元一撰《奉天录》(《指海》本)卷四云：

"朱毗臣张光晟临死言曰：'传语后人，第一莫作，第二莫休。'"这句话当时一定很有名，很快地传了出去。北宋的和尚已经拿它来当作成语用，如《法演禅师语录》(《大正藏》一九五种，六五二页)。

这句话里的"作"字原来也不作普通"作为"讲，乃是"作贼"的省说。作贼就是造反。朱毗是德宗朝的叛臣，后来兵败穷促，部下将领杀了他去投降。张光晟是其中的一人，而终不免于一死，所以有"第一莫作，第二莫休"之语。若是广义的"作为"，天下尽多可作应作的事，怎么能一概说"第一莫作"呢？用"作"字作造反讲，南北朝已经通行，如《宋书》卷七二《巴陵王休若传》云：

"不解刘辅国何意不作。"

《南齐书》卷二六《王敬则传》："敬则谋反，问僚佐'卿诸人欲令我作何计？'丁兴怀曰：'官只应作耳。'"

同书卷四四《沈文季传》："唐寓之反，武帝闻之曰：'鼠辈但作，看萧公雷汝头。'"

《隋书》卷六五《赵才传》："宇文化及反，才于宴次劝与化及同谋逆者一十八人杨士览等酒，曰：'十八人止可一度作，勿复余处更为。'"

这些都是这个意思。直到南宋初，王俊出首岳飞，状中谓张宪尝对俊说：

"我待做，你安排著。待我交你下手做时，你便听我言语。"(《挥麈录·余话》第八十一节)

这个"做"字也还是"反"的意思。

(一)两则笔记都是从一些例句中看出词语的确切意义来。要明了词语的意义和用法，最好采用这个办法；单就一篇文字看，也许会明了得不够的。

(二)这类笔记无非记录例证与解释，再不用其他的话。论作用，可以备自己参考，也可以供人参考。

给高尔基的信

/契诃夫 著 程万孚 译

最近接到你那封信，给我不少快乐。我诚心的感谢你。我那篇《叔叔万亚》是很久很久以前写的，我从来没有看见在舞台上演过。年来各地的小戏院常常公演这本戏。我对于自己写的戏剧向来不怎么高兴，许久以来我没有注意戏院的事了，现在也不想写什么给舞台上演的东西。

你问我对于你的小说有什么意见。我的意见吗？天才是没有错的，而你是一个真正的大天才。比方说，你那篇《草原上》就写得十二分有力量，我的确感到有一种嫉炻的痛恨，恨写那篇好小说的不是我。你是个艺术家，是个聪明人，你伟大，可以造就的。你所写的东西是你亲见亲历的，这才动人，才是真艺术。这就是我对于你的作品的意见，我并且很高兴我能够把我的意见告诉你。我再说一遍，我是很高兴的；如果我们能够见面谈上一两个钟头，你就可以相信我对于你是何等的欣赏，并且知道我对于你的天才存着何等的奢望了。

我还可以说说你美中不足的地方吗？这倒不是一件容易的事。因为批评一个天才的坏处，就像指出园里一棵树木的坏处一样的不容易。树木本身没有不对的地方，它所以有些毛病可以指摘，全在看那树木的人口味各有不同的缘故。你说是不是？

我以为你的毛病在乎缺少约束的能力。你有点像戏院里的一个看客，他那样的不能约束他的兴奋，使得他自己同旁人都弄不清台上的戏。你这种毛病在描写自然的时候特别令人觉察出来，太繁了，反而把你的对话的精彩给糟蹋了。读到这一类的描写，我就希望它能够简练一些，最好写两三行就可以了。常常写到的那些娇情，感伤，以及私语等等，好像太在词藻上用功夫了，稍嫌单调，叫人读起来不觉得兴趣，甚至于生厌。描写到女人同恋爱的情形，也嫌缺少约束的能力，如《马娃在竹筏上》等篇。那并不好，并不见得所知很详，只显出你缺少约束的能力。还有，你那一类的小说不宜太多用“平圆面”“协调”等等的字，用多了反把主旨毁了。你又常常说及波浪，似乎太多。你在描写受过教育的人的时候，也觉得有点勉强不自然，并且太谨慎了似的；这并不是你没有观察过那些人，好像是你不知道从哪一方面去观察他们。

你多大年纪了？关于你及你的身世，我一点不知道。但是在我看来，假如你还年青，你就应当离开你们省，出来同文艺界的人切磋琢磨；不是出来学我们一般人那么乱嚷，也不是出来学得尖锐些，乃是一着手就要把你对于文学的目标抱定，然后慢慢地爱着你的目标，然后做下去。还有一层，老是在省城里生活下去，人也容易老些。像柯洛连科、潘大彭、马鸣、厄泰耳，都是第一流的人物，你起初与他们往来，也许要以为讨厌，但是过了一年或两年之后，你就觉得他们可爱，而与他们的往来也可以给你不少益处了。

(一)契诃夫和高尔基同是俄国的文学家。契诃夫行辈长些，这一封是他写给文学青年的高尔基的信。欣赏、鼓励、批评，全都像面对面谈话那样真挚亲切。就文字上说，自然是契诃夫写信写得好；可是从根本上说，还在乎他为人的态度好。

(二)为什么说“我以为你的毛病在乎……”，不径说“你的毛病在乎……”？这样说法什么用意？与上文有什么关连？

(三)初学写作的人起初往往觉得没有什么可写。后来阅历多了，想得多了，又往往觉得可写的太多，一支笔来不及写似的，到这地步，就需要“约束的能力”了。

读者可以自负之处 /夏丏尊

文艺不但在创作上是人的表现，就是在鉴赏上也是人的反映。浅薄的人不能写出好的文艺，同时浅薄的人也不能了解好的文艺。创作与鉴赏，在某种意义上，是一致的事情。日本厨川白村在他的《苦闷的象征》里，曾把鉴赏称为“共鸣的创作”。真的，鉴赏也是一种创作，不过创作是作家自己表现，鉴赏却是由作家所表现的逆溯作家，顺序上有不同而已。

真有鉴赏力的读者应该以读者的资格自负，不必惭愧自己并非作家。在艺术的各部门中，最容易使人发生创作的野心的，要算文艺了。听到名曲的时候，看到好绘画、好雕刻、好戏剧的时候，普通人都只以听者、观者自居，除了鉴赏享乐以外，不会发生自己来作曲弹奏，自己来执笔运凿，自己来现身舞台的野心。对于文艺可不然。普通人只要读过几册文艺书，往往就想自己试作，不肯安居于读者的地位。因为文艺所用的材料是我们日常习用的语言，表面上看来，不像别种艺术那样对于材料须有练习功夫与专门知识。可是要知道，鉴赏是共鸣的创作，这是就心情上说的。实际的文艺创作到底要靠天才，不是普通人所能胜任。文艺所用的材料虽是日常语言，似乎不如别种艺术那样需要特别素养，但是语言文字的驱遣，究竟要有过人的敏感和熟练才行，这也不比别种艺术来得容易。再说，文艺是作者的自己表现，作者自身如果没有什么特出的人格(这并非仅指道德而言)，即使对于语言文字有了特出的技巧，也还是没有用的。

文艺鉴赏本身自有价值，不必定以创作为目的。这情形恰和受教育不必定以作教师为目的一样。不消说，要作教师，先得受教育；要创作文艺，先得鉴赏文艺。可是创作究竟不能单从鉴赏而成功。不信，但看事实。每年从各国大学文学科毕业的，合计起来总该有几万人吧，他们当然是研究了文艺上的法则，熟谙了语言文字的技巧的了，当然是读破名著，富有鉴赏力的了，然而他们大多数没有成为作家!全世界成功的作家还是寥寥可数。并且，成功的作家之中，有些人竟没有入过大学。俄国的当代名小说家高尔基是面包工人出身。有些人虽曾入过大学，却不是文科出身。俄国的契诃夫是医科出身，日本的有岛武郎是学农业的。

鉴赏文艺未必就能成为创作家，这个话似乎会使诸君灰心。其实只要能鉴赏，不能创作也没有什么惭愧，因为我们由于作品的鉴赏，已经与作家作精神上的共鸣了，已经把自己提高到和作家相近的地位了。真有听音乐的耳朵的，听了某名曲所兴起的情绪，照理该和作曲者制曲时的情绪一样。所以就某名曲说，在技巧上，听者固然不及作者；可是在享受上，听者和作者是相等的，只要他善于听。

作家原值得崇拜。自己果真有创作的天才，不消说，自然应该把它发挥出来。但是接近文艺的人个个要想成为作家，那究竟是不可能的事。与其做一个无聊的创作者，宁可做一个好的读者欣赏者。我们不必为不能创作自惭，还该以好的读者欣赏者自负。

(一)篇中说出读者可以自负之处的是哪一段?

(二)文艺所用的材料是语言文字，音乐，绘画，雕刻所用的材料是什么?

(三)“自己表现”是什么意思?

美术照相 /刘 复

究竟照相美所应有的条件是什么？这就一言难尽了。

事物的影像可以分析为三种原素：一是形，二是光，三是色——这三种原素本来是不能分的，现在分开来，只是为讲说上的便利罢了。

色在美术照相中并不十分重要。因为现在的颜色照相还很幼稚，不能在美术照相中占到相当的位置；通常所谓美术照相都是没有颜色的，既然没有颜色，自然在颜色上不必有什么讨论了。

不过也有两件事应当注意。第一，在毛玻璃上看影像时，不要被颜色欺蒙了；不要说“好!颜色配合得真好!”要知道这种颜色是不能留存的。你若不预先注意到这一点，到洗出来时必定大失所望，甚而至于一张片子完全没用。所以在毛玻璃上看影像时，应当牢记着“色即是空，空即是色”，专在形与光上用工夫。

第二，照相中只有黑与白，无论什么颜色，到了照相中不变为黑，即变为白。不过，我们眼睛里所看见的颜色，蓝近于黑，黄近于白，红处于两者之间；到了照相里，却变做蓝近于白，红与黄都近于黑。这就是纸面上所表现的同我们眼睛里所看见的冲突了。要免除这种弊病，应当用“正色片”，再在镜头上加用黄玻璃罩；有一种不用罩的正色片用起来很便当，不过价钱贵些，而且在中国也不容易买到。

形是画的骨子，光是画的命脉。要是一幅画中只有形而没有光，这一幅画就成了死的。所以照相不但要善于取形，而且要善于取光。但是，如果没有形，光就无从附着；所以形的研究该在光的研究之前。

形是线的集合体：无论把什么形拆开来看，只是几条线罢了。线有垂直线、水平线、斜线、曲线四种。一幅画中所用的线必略有所偏：房屋和树木是偏于垂直线的，草原和海洋是偏于水平线的，山坡和屋顶是偏于斜线的，人像和动物是偏于曲线的。

偏于垂直线的画往往宜于直幅；偏于水平线的画往往宜于横幅；偏于斜线与曲线的，横幅直幅都可以。

但是，所谓偏于某种线，并不是说画幅中某种线的分量最多，是说某种线对于我们的刺激力最大。譬如一幅画中有许许多多的树木房屋，垂直线可以说很多了；但是假使中间有一条S形的路，我们看上去，必定首先看见这条路，然后看见树木和房屋；那么这一幅画就只能说是偏于曲线的，或者说是以曲线为主线的。又如海面和海中的波纹都是水平线，或者是近于水平线的曲线；但是假如画幅中有一条很大的船，上面的桅杆，下面的倒影，都非常刺目，我们就应当说这一幅画是偏于垂直线的，或者说是以垂直线为主线的。

垂直线、水平线、斜线，可以总称为直线。直线的好处，可以使人振作精神；坏处在使画境陷于呆板。联结直线而成的折线，要是不很复杂而安排得好，可以别有一种风趣；否则棱角太多，易使人感觉疲劳而生厌恶。

要之，直线在画幅中所占的分量，虽然可多可少，却不宜多到十分之十；至少要有一两分的曲线去补助它。那曲线不必是显的，有时候也可以用隐的：例如把许多斜线排成个辐射形，或把许多平行的水平线排成个马蹄形，看画的人虽然没有看见真正的曲线，脑子里却得到了曲线的印象，而且也许是很好的曲线的印象。

反之，十分之十的曲线却可以构成很好的画，不必靠直线的帮助。不过在一幅全用曲线的画中，略略掺入一两条直线去，也可以增加不少的趣味。

这样一说，就要说到“陪”“衬”两字了。

前文说过“主线”这个名词。陪与衬是对于主而言的，所以有主线就有陪线，有衬线。

陪就是重复，衬就是相反。譬如主线是垂直线，主线安排定了，另外在适宜之处作一条次要的垂直线，那就叫做陪线；如果不是垂直线而是水平线，那就叫做衬线。

垂直线以水平线为衬线；水平线以垂直线为衬线；斜线近于垂直线的，以水平线为衬线；近于水平线的，以垂直线为衬线；近于四十五度的，水平线与垂直线均可作衬线。

曲线得取相宜的直线为衬线；直线也得取相宜的曲线为衬线。

曲线也得取曲线为衬线，但方向必须近于相反；如果近于相同，那就是陪线了。

所谓陪线或衬线，其所处地位以及给与我们的刺激力，与主线相较，应处于次要的一个阶级上；如果过于这一个阶级，那就一幅画中有了两条主线了；如果不到这一个阶级，那就不能算陪线或衬线，只能认为“散线”。

一幅画中有了两条主线，就要破坏画幅的“单纯”；如果只有一条主线，其余都是散线，算不上陪线或衬线，那么主线太孤单了，决然站立不稳。这都是“章法”上的大忌。

所以一幅画中，除了主线以外，至少必须有一条陪线或一条衬线；若能两者兼有，那自然更好。但是陪衬线也不宜太多；太多了就使画面庞杂，不成其为章法。

讲到章法，最要注意的是画主。

画主就是画幅中最重要的一件东西。所谓重要，是说它在全画中处于最重要的地位，又最能吸引观者的趣味。

但是"一件东西"的"一件"两字应当活看：有时是一件，有时却是许多件的合体。譬如一棵高大的树，我们可以认为一件东西，把它当作画主；可是三五棵树丛生在一起，我们看去，只觉丛生得有趣，合成了一个美的总体，并不像植物学家那样一棵棵分开来看，这也就应当认为一件。

有时候，一件东西的一部分，在画幅上也可以认为一件东西，把它当作画主；例如照半身人像，或者单照一个很大的头，眼睛便是画主。

画主既然是一件东西，换句话说，就是线所构成的物形。但是画主与主线是两回事，不能彼此相混。

有时候，画主与主线可以并而为一；例如以一棵高大的树做了画主，同时这棵树的垂直线就兼做了画中的主线。有时候，画主与主线可以分而为二；例如海面上有两只海鸥，主线是海面的水平线，画主却是海鸥；又如半身人像，主线是人身的垂直线，画主却是两只眼睛。

一幅画中只能有一个画主，不能有两个。譬如两只石狮子，你若端端正正一边一只地照下，这就不能算有章法；必须换一个位置，使一只近些，一只远些，到了画幅中，一只大些，一只小些，大的作为画主，小的作为陪从，这才略略有些意思。

画主是最能吸引观者的趣味的东西，所以在造画时应当极意斟酌，使它享受画面上最好的权利，使全画的精神完全集中在它身上。

有时候两件东西碰在一起，似乎彼此都可以做画主，作者应当毅然判断：究竟取哪一个。如果迟疑不决，以为两者不妨兼取，结果必至于两败俱伤。

譬如有一棵很美的树，附近处有一条曲线形的路，你若要以树为画主，就应当找到一个位置，看上去能把树的美完全发挥出来，路的美不美，不妨看做第二件事；反之，你若以路为画主，就应当调换一个位置，把它的曲线美安排到最美的一步，然后再去顾到树。

风景带动物(人或禽兽)，是风景为主，动物为从；人物带风景，是人物为主，风景为从。这两种画的作法完全不同。如果一面要顾着风景，一面要顾着人物，实做“物华天宝，人杰地灵”八个字而无所偏重，结果是“顶了石臼跳钟馗，吃力不讨好”。

光是画的生命。如果依据章法，将各样景物安排得很好，而不能采取适当的光，这一幅还是死的。

就方术上说，光可以分为两种：一种是玻璃棚里的光，可以用人工调节变化的；一种是室外的天然光，不能调节变化，只能斟酌采取。

处分玻璃棚里的光另是一种技术，今且不说。至于室外的天然光，应当避去顶光(即正午的光)、直光(即与镜头同一方向的光)、反光(即对镜头的光)三种而用斜光。最好的斜光是四十五度，即上午八九点钟或下午三四点钟的光。但是，这只为谨守绳墨的人说法；也尽有人用人家所不用的光而能出奇制胜。

但是，谨守绳墨也好，出奇制胜也好，在光的研究上，总要顾到“参错”与“调匀”两件事。

所谓参错，是说画面上就应当有黑处，有白处，不能一套板的平均。所谓调匀，是说画面上虽然有黑处，有白处，而这黑与白之间精神是融合的，是一致趋向着美而造成一个美的总体的，不是各管各的账而搅得乱七八糟的。

参错与调匀应当从大处着墨，不应当零碎；零碎了就要变成拍卖旗，甚而至于变成满脸麻子。

研究光的配合，最扼要的方法是先在画面上定出主光(一块大黑或大白)；主光定了，再找陪光与衬光(主光为黑，那么陪光为黑，衬光为白；主光为白，那么陪光为白，衬光为黑；陪光与衬光的面积与浓度总要比主光差一点)。一幅画中的光如果能有一主，一陪，一衬，这就很好了；陪光与衬光多一点不要紧，主光却与主线和画主一样，只能有一，不能有二。

光有软硬。黑白间的距离大者为硬，小者为软。硬光可以唤起精神，软光可以增加韵味。但是，太硬了可以使画境陷于干枯，太软了也可以造成混沌的境界而使人不快。

光有深浅。黑的总量多者为深，少者为浅。深光的趣味浓郁，浅光的趣味轻灵。但是，太深了近于臃肿，太浅了近于松懈。

光的软硬深浅也和景物的清糊一样，只是作者意境中的事，不是方术或规律所能限定的。

岂但软硬深浅清糊而已，写意照相的总体就完全寄托在作者的意境之内，必须先有意境，才可以把方术规律拉过来做个参考；否则无论方术如何高妙，规律如何精严，你只能死板板的依着它做，做到完了你还不知道你自己在哪里，怎么还能说这一幅画是你的!

所以，所有的方术规律只宜放在一旁，略备顾问；不必依样画葫芦，做到绝对或完全的地步。如果你真把你的意境表现得好，便在这上面欠缺一点，也全不打紧。

(一)怎样才算美？说几句空话固然也可以回答，可是使人家无从捉摸。这一篇用分析的方法，切实地指出怎样才可以拍成好照相，作者何以能切实地指出？因为他有丰富的实际经验。

(二)方术规律只能做个参考，不但照相如此，其他艺术也如此。因为任何艺术，最要紧的事还在表现出作者自己的意境。

艺术的产生和发展 /伯 韩

艺术是怎样产生的？在古代，人们的答覆是“神造”。希腊有九个女神名“妙色”(Muses)，就是艺术之神。我国人有一句流行的话说：“文章本天成，妙手偶得之。”意义也相类似。还有梦笔生花而能写好的文章，母亲梦长庚入怀而诞生的儿子为天才诗人等等的故事，都好像是用“神造”来解释艺术的起源的。

到了科学产生以后，人们对于艺术的产生，就从自然环境与人的心理方面去找寻新的解释。比方说人有爱美的本能，看见了美丽的花鸟，就画在自己的墙壁上或用具上；听见了禽鸟或风的怒号，就创造音乐。《礼记》的《乐记》篇说：“凡音之起，由人心也。人心之动，物使之然也。”这“物”字如果仅作自然环境解释，那就是上述的意思。

再进一步，人们对于艺术的起源，从社会方面去探讨，于是发现了劳动和艺术的关系。他们说，艺术是先于实用目的的生产品。他们以为人类有爱好游戏的本能，游戏中的动作预先演习了生产劳动的动作，这是自然而然的——在这里，他们认为游戏是艺术的简单的形式。

其实，这是把劳动与艺术的关系弄颠倒了。最新的观点是承认劳动先于艺术。因此，游戏的动作与生产劳动的动作相类似，应当解释为摹拟生产劳动。当然，在摹拟中将这种动作练习得更纯熟了，对于生产劳动有很大的帮助。

游戏所以产生，是想再享那由劳动感到的快乐。在野蛮人的跳舞中，他们再现了打猎的动作，其他生产的动作，或战争的动作。如巴西土人部落中有一种跳舞，是表演受伤战士的死亡的。澳洲土人有一种原始的妇人舞，摹拟从地下拔出植物根的动作。布须曼人喜欢画孔雀、象、河马、鸵鸟，这就使打猎的场面再现于画面了。野蛮人的戏剧也大多表现战争、劳动和家庭生活。

我国西南边疆有一种狮戏，摹拟猎人与狮斗的样子，可说是一种原始舞。各地流行的狮灯，龙灯，大约是这类原始舞的残余。我国古代的衣服，往往画一些鸟兽的图形在上面作为装饰，如所谓“黼黻”，也可认为原始艺术的残余。

艺术所包含的实用性，如生产劳动及战争的演习，是属于保存种族的。此外还有属于繁衍种族的。如野蛮人装饰自己，他要装饰得使仇敌害怕，或者使女性欢喜。照前一说，装饰合乎保存种族的实用目的；照后一说，那就合乎繁衍种族的实用目的。现在我国苗瑶民族仍然以唱歌跳舞为男女结识的机会。《诗经·国风》中所包含的民歌，如《桑中》、《溱洧》诸篇差不多写着同样的情形，可知当时汉族也保存了古时的艺术(歌舞)的作用。封建道德所咒骂的桑间濮上，到了资本主义社会便以新的姿态出现，如跳舞厅、公园，都是的。在这些公共娱乐场所中，跳舞奏乐，作为男女交际的媒介与点缀。这也可以证明艺术的实用性的一方面是繁衍种族。

跳舞、诗歌、音乐，在原始时代是联结在一起的，都运用劳动或战争中的节奏。歌舞中的拍子与抑扬，与劳动者的协力动作以及动作时“杭育”“亥育”的歌声大体一致。有一个埃及歌，是从汲水劳动中产生的，共分四段，第一和第三段是简单的旋律，第二和第四段是和旋律等长的休止。据一个法国音乐家的研究，这个歌的第一段表示劳动者举起水桶来倾倒一空的动作——那水桶是棕榈叶制成的。里面垫着羊皮，用长绳系在竹竿上或树的桠枝上，使它平衡。第二段表示他们放下水桶汲水。第三段他们又举起水桶。第四段又放下。这就是，工作紧张的时候才歌唱，不紧张的时候就休止，因为其时歌唱没有用处。行军需要歌，因为唱歌可以减少疲劳。管仲使齐国的军队越过一座高山，拿破仑使法国的军队越过阿尔卑斯，都曾得到唱歌的帮助。

总而言之，艺术是人类社会的产物，主要的根源是生产劳动，其次是战争，其次是性的要求。这在原始的低级的艺术已经得了证明。可是艺术逐渐发展，就有了相当的独立性。专门的音乐家、雕刻师、画师、诗人、伶人等出来了，一般人却很少艺术上的贡献。艺术的内容渐渐表现与生产无关的所谓“纯粹的美”。于是人们以为艺术是脱离尘俗的，不含功利性的东西。实际上呢，无论什么艺术都是反映社会生活的。假使艺术的创作者主观上反对艺术的功利主义，而努力制作他的唯美的艺术品：这一件事实本身也就是艺术反映社会生活的凭据。为什么呢？因为当某一社会将近崩溃的时期，那社会中人必然暮气沉沉，倾向于颓废浪漫，不敢正视现实，只想躲避到“艺术之宫”中去。即使那社会还没有临近崩溃，可是已经发展到顶点，不能再前进了，那时候社会中人也要与现实生活脱离的；如我国词章家的吟风弄月，便是封建士大夫颓废意识的表现。

艺术与科学哲学的不同，并不在于前者是感情的而后者是理智的。没有通过理智的感情是混沌的，决不能产生艺术。艺术所以能动人感情，因为它有个特点，就是形象的认识或形象的思维。每种艺术品包含一定的人生观，不过它不用抽象的议论表示出来，却用声音、颜色、动作等等具体形象表现出来。比方封建时代，臣民应该为君主牺牲自己的一切，女子对男子也一样，所以在旧戏里面常常提倡臣子殉君，女子尽节，旧小说旧诗也如此。至于现代，一些艺术描写绅士淑女的恋爱，富商大贾的争利，寄生阶级的享乐等等，都是为崇拜金钱的人生观写照。另一方面又有揭露现社会黑暗面的讽刺艺术，如写实主义的作品就是。

此外是反映新社会的黎明的艺术，不但揭露现社会的黑暗面，并且暗示出改造的途径。种种艺术的流派，无论旧的新的，如果在当时能够代表社会上多数人的意识，并且用美妙的形象表达出来，必然成为名作。有时一种作品出于这一社会层的作者，却代表了那一社会层的人生观，当时因为环境的关系，不能普遍到那一社会层里去，只能留在这一社会层里，那就不免有“明珠暗投”的遗憾。但是到了社会进一步发展的时候，这种被湮没的名作就会受人珍重了。

在我国，过去有“载道”与“言志”两种文艺观，近年来又有“为艺术的艺术”与“写人生的艺术”的争论。其实，言志的艺术在无意之中也包含了道；载道的艺术又何尝不用言志的方式表现出来？作为纯艺术的艺术，在不知不觉间也宣传了某种人生观；作为宣传品的艺术，也要求巧妙的形象化——因为愈形象化愈能动人。所以，我们不能把艺术的审美价值与社会价值分开，必须把二者统一起来才是。

（一）“无论什么艺术都是反映社会生活的”“每种艺术品包含一定的人生观，不过它不用抽象的议论表示出来，却用声音、颜色、动作等等具体形象表现出来”，这些是理解艺术的基本观念。

（二）“载道”与“言志”什么意思？“为艺术的艺术”与“为人生的艺术”什么意思？

《诗经》的源起 /朱自清

诗的源头是歌谣。上古时候，没有文字，只有唱的歌谣，没有写的诗。一个人高兴的时候或悲哀的时候，常愿意将自己的心情诉说出来，给别人或自己听。日常的言语不够劲儿，便用歌唱；一唱三叹的叫别人回肠荡气。唱叹再不够的话，便手也舞起来了，脚也踏起来了，反正要将劲儿使到了家。碰到节日，大家聚在一起酬神作乐，唱歌的机会更多。或一唱众和，或彼此竞胜。传说葛天氏的乐八章，三个人唱，拿着牛尾，踏着脚，似乎就是描写这种光景的。歌谣越唱越多，虽没有书，却存在人的记忆里。有了现成的歌儿，就可借他人酒杯，浇自己块垒；随时拣一支合式的唱唱，也足可消愁解闷。若没有完全合式的，尽可删一些改一些，到称意为止。流行的歌谣中往往不同的词句并行不悖，就是为此。可也有经过众人修饰，成为定本的。歌谣真可说是“一人的智慧，众人的机锋”了。歌谣可分为徒歌和乐歌。徒歌是随口唱，乐歌是随着乐器唱。徒歌也有节奏，手舞足踏便是帮助节奏的；可是乐歌的节奏更规律化些。乐器在中国似乎早就有了，《礼记》里说的土鼓、土槌儿、芦管儿，也许是我们乐器的老祖宗。到了《诗经》时代，有了琴瑟钟鼓，已是洋洋大观了。歌谣的节奏最主要的靠重叠，或叫复沓；本来歌谣以表情为主，只要翻来覆去将情表到了家就成，用不着费话。重叠可以说原是歌谣的生命，节奏也便建立在这上头。字数的均齐，韵脚的调协，似乎是后来发展出来的。有了这些，重叠才在诗歌里失去主要的地位。

有了文字以后，才有人将那些歌谣记录下来，便是最初的写的诗了。但记录的人似乎并不是因为欣赏的缘故，更不是因为研究的缘故。他们大概是些乐工，乐工的职务是奏乐和唱歌；唱歌得有词儿，一面是口头传授，一面也就有了唱本儿。歌谣便是这么写下来的。我们知道春秋时的乐工就和后世阔人家的戏班子一样，老板叫作太师。那时各国都养着一班乐工，各国使臣往来，宴会时都得奏乐唱歌。太师们不但得搜集本国乐歌，还得搜集别国乐歌。不但搜集乐词，还得搜集乐谱。那时的社会有贵族与平民两级。太师们是伺候贵族的，所搜集的歌儿自然得合贵族们的口味；平民的作品是不会入选的。他们搜得的歌谣，有些是乐歌，有些是徒歌。徒歌得合乐才好用。合乐的时候，往往得增加重叠的字句或章节，便不能保存歌词的原来样子。除了这种搜集的歌谣以外，太师们所保留的还有贵族们为了特种事情，如祭祖、宴客、房屋落成、出兵、打猎等等作的诗。这些可以说是典礼的诗。又有讽谏、颂美等等的献诗；献诗是臣下作了献给君上，准备让乐工唱给君上听的，可以说是政治的诗。太师们保存下这些唱本儿，带着歌谱；唱词儿共有三百多篇，当时通称作“诗三百”。到了战国时代，贵族渐渐衰落，平民渐渐抬头，新乐代替了古乐，职业的乐工纷纷走散。乐谱就此亡失，但是还有三百来篇唱词儿流传下来，便是后来的《诗经》了。

(一)《诗经》是我国最古的一部诗集子。这部读本的读者大概还没有读过《诗经》，可是也许听见过《诗经》的名儿。读了这简短的一篇，就可以知道《诗经》是怎么来的了。

(二)这一篇说的《诗经》的来历，从上古说起。探求任何事物的来历是很有趣的，探求到了家，就是一种真知识。探求须有凭证——书本上的凭证和实物的凭证，再加上合理的想象。

蔡元培先生

/余 毅

蔡先生的传记将来自有人做，这里为材料所限也不能做，只就我所记得的几件事说一下。

蔡先生的一生在中国史上有重大关系的，有三个阶段：一是民元任教育总长，二是民六任北京大学校长，三是民十八任中央研究院院长。无论在教育上，在学术研究上，都是开风气奠基础的工作。先生站在崇高的地位，怀着热烈的情感和真实的见解，指导青年向前走，可以说这二十九年来的知识分子没有不受着他的影响的。

我是北大学生，在他没有当校长的时候已在那边了。那时的北大实在陈旧得很，一切保存着前清“大学堂”的形式。教员和学生，校长和教员，都不发生什么关系。学生有钱的尽可以天天逛妓院、打牌、听戏，校中虽有舍监也从不干涉。学生有事和学校接洽，须写呈文，校长批了揭在牌上，仿佛一座衙门。蔡先生受任校长之后，立即出一布告，说“此后学生对校长应用公函，不得再用呈文”。这一下真使我们摸不着头脑，不知这位校长为什么要这样的谦虚。稍后他又出版《北大日刊》，除了发表校中消息之外，又收登教员学生的论文，于是渐渐有讨论驳难的文字出来，增高了学术研究的空气。学生对于学校改进有所建议时，他也就把这议案送登《日刊》，择其可行的立即督促职员实行。这样一来，学生对于学校就一点不觉得隔膜，而向来喜欢对学生摆架子的职员也摆不成架子了。

北大学生本来毫无组织，蔡先生来后就把每班的班长招来，劝他们每一系成立一个学会。许多班长退下来踌躇道：“这件事怎么办呢？”因为同学间实在太散漫了。但靠了蔡先生的敦促和指导，以及学校在经费上的帮助，许多会居然组织起来了。不但每系有会，而且书法研究会、画法研究会、音乐会、辩论会、武术会、静坐会……一个个成立起来，谁高兴组织什么会就组织什么会，谁有什么技艺就会被拉进什么技艺的会。平时一个人表现自己能力时很有出风头的嫌疑，可是到了这个时候，虽欲不出风头而不可得了。校中尽有消遣的地方，打牌听戏的兴致也就减少许多了。一校之内，无论教职员、学生、仆役，都觉得很亲密的，很平等的。记得蔡先生每天出入校门，校警向他行礼，他也脱帽鞠躬，使得这班“小”惯了的仆人看了吐出舌头来。

《北大日刊》的稿件拥挤了，他就添出《月刊》。《月刊》的发刊词是他自己做的。他说：“《中庸》说的‘万物并育而不相害，道并行而不相悖，此天地之所以为大也。’我们应当实践这句话。”那时正在洪宪帝制和张勋复辟之后，我们看他把帝制派的刘申叔先生(师培)请到国文系来教中古文学史，又把复辟派的辜鸿铭先生(汤生)请到英文系来教英国文学，刘先生的样子还不特别，辜先生却是大辫子、乌靴，腰带上眼镜袋咧，扇袋咧，鼻烟袋咧，历历落落地挂了许多，真觉得有点不顺眼。但想《月刊》的发刊词，就知道他是有一番用意的，他不问人的政治意见，只问人的真实知识。哲学系的“经学通论”课，他既请今文家崔适担任，又请古文家陈汉章担任，由得他们堂上的话互相冲突，让学生两头听了相反的议论之后，自己去选择一条路。

国史馆馆长自王闿运死后，归并北大，蔡先生就兼任了馆长。为了编史，他请了许多专家，如张相文、屠寄、叶翰等等，于是在大学中也添设了史学系，请这班先生兼一些课。国史馆中除了搜集民国史料之外，还编中国通史和分类史，定有很周密的计划。

那时国立大学只有这一个，许多人眼光里已觉得这是最高学府，不能再高了。但蔡先生还要在大学之上办研究所，请了许多专家来作导师，劝毕业生再入校作研究生，三四年级学生有志深造的亦得人所，常常开会讨论学问上的问题。这样一来，又使大学生们感觉得在课本之外还有需要自己研究的学问。清朝大学堂时代，图书馆中曾有许多词曲书，给监督刘廷琛看作淫词艳曲，有伤风化，一把火都烧了。到这时，蔡先生请了剧曲专家吴梅来作国文系教授，国文研究所中又大买其词曲书籍。岂但搜罗歌曲而已，连民间的歌曲也登报征集起来了，天天在《北大日刊》上选载一两首，绝不怕这些市井猥鄙的东西玷污了最高学府的尊严。那时我们都是二十余岁的青年，自以为思想很新的了，哪知一看学校当局公布的文件，竟新得出乎我们的意想之外!

从前女子只能进女学堂，她们的最高学府是女子师范学校，大学是她们无缘的。北大既然这般新，当下就有女学生妄觊非分，请求旁听。这使得校中办事人为难了，究竟答应不答应呢？蔡先生说：“北大的章程上并没有说只收男生，不收女生的话，我们把她们收进来就是了。”于是就有胸挂北大徽章的女子出现于学校中，给男生一个强烈的刺激。到了暑假招生，有女子来报名应考，这一年录取了三个，校中始有正式的女生。学生定《日刊》是归号房办的，有一天我去取报，哪知已被同学强买了去，原来这天报上登着这三位女同学的姓名，大家要先睹为快呢。到现在，哪一个大学不收女生，试到华西坝一看，女同学竟比男同学还多了。

北大一天一天地发皇，学生一天一天地活泼，真可以说进步像飞一般快，一座旧衙门经蔡先生一手改造，竟成为新文化的中心。于是五四运动一试其锋，文化的锋头掉转到政治，就像狂风怒涛那样不可抵御。那时北洋军阀和顽固学者恨蔡先生刺骨，必欲置之死地，徐树铮竟想架炮在景山顶上轰击北大。蔡先生在法国时留了长长的须，那时逼得没法，就剃了胡子逃回老家去。虽然风潮过后又请回来，毕竟做不长了。记得民国十二年彭允彝任教育部长时，就很不客气地下了“北京大学校长蔡元培应免本职”的命令。十五年国民革命军北伐，蔡先生在江浙预备响应，被革命目标五省联军总司令孙传芳下令通缉，他从浙江坐木船浮海到厦门。那时我在厦门大学任教，校中招待他，我也作陪。席上有人骂当时学生不守本分读书，专喜欢政治活动的，蔡先生就正色说道：“只有青年有信仰，也只有青年不怕死，革命工作不让他们担任该什么人担任!”他这般疾言厉色，我还是第一次见呢。翌日他应厦大浙江同乡会之招，报告浙江革命工作，说到工作不顺利处，他竟失声哭了。那时他已经六十岁，就在这般凄风苦雨之中度过了他的诞辰。

北伐胜利，他任了国民政府的几个要职。但他是生活简单惯了的人，听说他在法国时只穿工人的衣服，这时他虽任了监察院长，到他家里去还只看见客堂里沿墙放着四张靠背椅子，当中放着一张方桌，四个凳子，没有什么别的陈设。他的家在上海也只住在普通的“里”里，直到民国二十年后始迁人一所破旧的洋房。“八一三”后，上海沦陷，他避居九龙，今天看到报上的唁电，依然是某某号的“楼下二号”。他是绍兴人，绍兴是出酒的地方，所以他从小就能喝酒。记得民国二十三四年间，他到北平，北大同人在欧美同学会替他洗尘，一共五桌，差不多每人敬他一杯，他都喝干了。有人说：“蔡先生今天回来，看看他手创的北大，觉得高兴，所以多喝了些。”可怜这已是他最末一次到北大了!

蔡先生今年七十四岁，在他自己，辛苦一生，已经到了该休息的时候，可是我们如何舍得他呢!他在法国巴黎大学、德国来比锡大学研究哲学、美学、人类学、文明史等等，虽然归国后因为人事繁忙，自己没有写出多少东西(记得四五年前，他因身体不好，辞去兼职和名誉职，报上说有七十余个之多，可想见其忙)，但他已把所学的一起用到实际上来了。他希望人家发展个性，他鼓励人家自由思想，他惟恐别人不知天地之大，他又惟恐别人成见之深；他要人多看，多想，多讨论，多工作，使得社会一天比一天进步，人生一天比一天快乐。这一个他的中心主张，虽则他自己没有明白说出，但是知道他的人一定感觉到的。这就是他在中国史上最大的贡献，也是将来的青年们永永不能忘记的人生指导。

(一)这一篇不过杂记蔡先生的事迹，而且大部分是关于北大的。可是，就从这些事迹，已经可以教人想见蔡先生的为人了。

(二)最有价值的教育是“身教”——以实践教人。请注意蔡先生的“身教”。

哭一多父子 /吴晗

一多，我想不到你会死!

一多，我更想不到你会父子同命，连立鹤，才在大学一年级的一个十八岁的青年，也惨遭五枪，比你迟死一天!

我想不到，无论如何想不到!

父亲是忠臣，忠于人民，忠于国家。儿子是孝子，孝于人民，孝于忠臣的父亲。父忠子孝，表现了民族的正气。一多，我要忍着眼泪告诉我所遇见的每一个人，民主同盟有这样的盟员，这样的领导人，中国民主的前途是被保证了的。我也会狠着心，自己对自己说，我有这样的朋友，这样的同志，这样的学生，作我未死以前的准绳，前进的明灯，我是被保证了的，永不会走错路!

几年来的情形，历历如在目前。

我记得清清楚楚，当你还住在昆华中学的时候，为了一件必要的事，我带了几个学生去看你。

当你作新诗人的时候，我知道你，并不尊敬你。当你埋头研究《诗经》、《楚辞》的时候，我明白你，并不接近你。可是那晚上谈了三四个钟头以后，我们的思想和工作都结合在一起了，我不但了解你，接近你，而且尊敬你。

此后的三年中，我和你分享地着忧患，贫困，紧张，忙乱，痛苦的日子。

我记得你洪亮的声音，激昂的神情，飘拂的长髯，炯炯的目光，在每一次群众大会中，在每一次演讲会中，座谈会中。我也记得你每次所说的话。

你像一头愤怒的狮子。去年，在云南大学广场的一次集会，正当开始，天不作美，下雨了，参加的男女移动了，想找个隐蔽之所，会场在动乱了。你掀髯作狮子吼："这是天洗兵!不怯懦的人上来，走近来，勇敢的人走拢来!"在你的号召之下，群众稳住了，大家都红着脸走近讲台，冒雨开成了那个会。

我也记得，在四烈士下葬的那一天，你在薄暮的微晖中致词，你说："我们一定为死者报仇，要追捕凶手，追到天涯海角，今生追不到，下一代追!"

不管是阴天是晴天，是冷天是热天，你认为该做的事，就毫不迟疑，献出了全部的时间和精力。

宣言，通电的润色人一定是你，在深宵，在清晨，你执笔沉吟，推敲每一字，每一句，每一段。朋友们安慰你的过度辛劳，你只微笑着说："谁叫我是国文教员呢？"

从你搬进西仓坡联大教职员宿舍以后，我们恰好对门，两个窗户也正对着，你的宾客，你的工作情形，一抬头便可望见。

学生一批一批地进出，诗人，作家，木刻家，戏剧工作者，还有我们民盟的朋友，从清晨到深夜，川流不息地在走动。

你有一只破烂的藤椅，是毓棠去英国时送你的，一张整齐的方桌，是我向学校借来转借给你的。你的书桌是三块长木板，像裁缝桌子，还有两把乡下搬来的描金黑漆方椅子，坐上去倒很结实，不会怪叫。此外，还有两张小板凳，两口破箱子。吃饭时一家人刚好一桌，孩子们站着吃。

终年穿一件阴丹士林长衫，布鞋，破袜子。最近的一件半新不旧的灰布夹袍是赵三姊送的，你喜欢得合不拢嘴，大热天还穿着。有一次同走过云南大学前面，公共汽车经过，我们两个都溅了一身泥点。为了这件事，你还不快了半天。

你喜欢喝茶，我为你预备一点好茶叶，三天两晚在我的小书房中边喝边谈，有时到深夜。你也喜欢喝咖啡，要多加糖。还有，菜要口味重一点，你说，在蒙自那一年，包伙吃饭，盐太少了，简直受不了，现在要补一点回去。

成天的奔走，成天的工作，看书的时间没有，连报纸都得在深夜上床的时候看，为了这个，你的太太和你吵了不少次架。

去年年底吧，你告诉我，要替《中原》写一篇长文章，我说我也在准备，相约在三个月之内写完。可是，一个月一个月过去了，你没有开笔，我也没有一个字。

有一天，是傍晚吧，在我住房的前面，两个小凳子，两杯茶，两支烟，谈了许多事之后，你喟然说，太空虚了，成天吐出去，却没有新的东西补充，要好好念书了。天可怜一年两年之后，民主实现，政治走上轨道吧。只要有这么一天，我们立刻回书房，好好读十年二十年书，才对得起自己，对得起所受的教育。

为了这个，你加紧工作，忘寝废餐地工作，希望尽量提早和平民主的日子的到来，好重回书房，作新知识的学生。

可是你死了，你没有看见和平，更没有看见民主的影子，斋志长逝了，永远不能回到书房了。

你喜欢田间，喜欢玛雅可夫斯基，郭沫若先生赴苏过昆的一天，邵鲁诺夫先生问你想带什么书，你希望看一部玛雅可夫斯基全集。我昨天看到郭先生，他说书早已带来了，无法寄，现在是永远投递不到了。

你为了生活，学刻图章，成天在刻，通夜在刻，刻到右手中指起了个老大疙瘩，刻到手发抖，写字都不方便，为了一升两升米，为了明天的菜钱。你常说你是手工业者。

饶是这样，还有一些朋友责备你，说你不该干这行手艺。天啊，你在哭，我也在替你哭，吃饱的人是无法了解饿肚的人的。

立鹤，你的长子，我的学生。

去年，你刚念完联大附中二年级，暑假后你居然进了联大。你父亲喜欢，母亲高兴，为了奖励你，把仅有的一支美国水笔，一个可敬的美国朋友送的，给了你，作为奖品。

进了大学不久，你就成为青年民主战士的一员。

在“一二·一”运动的时候，你受了伤，腿被打肿了，母亲劝你休息，你说：“妈妈，我是闻一多的儿子呢，闻一多的儿子是不能休息的!”

立鹤，你才十八岁，多灾多难的中国，竟杀戮到青年。

立鹤，你为民主殉了身，为了你的父亲殉了身。我替你相信，你是求仁得仁的。有这样的父亲，才有你这样的儿子。

安眠吧，一多，我的朋友，立鹤，我的学生。

我们会跟着你们走的，你们已经替中国人民铺好了道路，用你们的血。

(一)这一篇用简短的语句与节段，构成沉郁的情调，凄咽的音节。叙述的都是琐事，但从这些琐事反映出死者的精神。

(二)哀悼文字无非是向死者说一番话，在哀痛的时候，是无暇想到死者到底有知无知的。实际上死者当然无知，文字的作用还在于抒发作者自己的哀感。

纪念但丁 /陈衡哲

但丁死了六百年了，离开我们很远了，我们为什么要来纪念他呢？这有两个大原因：第一，因为他和我们一样，是一个特别过渡时代的人物；第二，因为他对于西方的文化，有许多的贡献和影响。

但丁是一个特别过渡时代的人物，因为他生在欧洲中世纪的末叶，那时文艺复兴的太阳还没有出来，他犹如一颗光明美丽的星，在那半灰红的东方天上闪烁着。看见他的人，有的说他是长夜的最后之光，有的说他是太阳的先驱。现在我们用历史的眼光看来，知道他两样都是：他是中古文化的结束，也是近古文化的先锋。他这两种性质，凡曾读过他的著作的都应该知道，但是他自己不知道。他的思想和哲学虽然不尽属于中古，但他对于自己的时代，不曾有意反叛过。他对于中古的唯一权威——教会——始终不曾驳斥过。他曾用严厉的态度批评僧侣的腐败，却不敢疑及教会。他在他的著作中，也竭力的拥护一尊，秩序，克己制欲的道德，以及一切中古文化；例如他的天堂地狱，完全是中古的天堂地狱。他的惩罚主义也纯是中古的反响。例如因为亚当得罪了上帝，所以他的子孙要受罪。他的世界观也有中古的气味。他的世界是静的，不是动的；世界上的政治中心点应该在罗马，罗马的中心点自然在那个罗马大皇帝。但是，因为但丁是一个属于过渡时代的人物，他的思想便不免有许多自相矛盾的地方。他一方面拥护一尊和其他中古文化的产物，一方面又是个人主义的先驱。这个主义在他的文艺中尤为显著。他的杰作《神曲》中的人物都是活的，有血有肉的，不像中古文学中的人物都是刻板的。不但如此，他把他自己的人格，情感，思想尽量的灌注在他所有的著作里；所以，除了《新生命》是他的自传以外，那部《神曲》也是他的思想和情感的记载。

但丁是那个重要的过渡时代的人物了，但是和他同时的人不计其数，我们为什么单要纪念他呢？这因为他对于西方文化有特别的关系。过渡时代的人比如渡河的人，有坐在船上呆等着上岸的，有被渡船挤到水里去淹死的，有的是去造桥的。但丁便是最后的一种人，所以我们要纪念他。

但丁对于文化的贡献，最重要的便是他的文艺。他生平著作很多。其中最著名的：一是《新生命》，一是《神曲》。《新生命》是他自己少年时代的传记，他那如火一般的热忱，和高尚纯洁的爱情，靠了他的文艺，至今还像春花一样鲜明艳丽，使我们读了，不由自主地对他表同情。这书是用意大利方言写的，为后来意大利散文的模型。《神曲》是一首长诗，是但丁一生的杰作。他写这首诗的时候，已过了壮年，对于人生的滋味，一一的备尝了。所以这本他自己灵魂的传记，叙述他从地狱到天堂的经过，能够像亲身阅历的一样。我们读了他的《地狱篇》，不但可以看见一切恶鬼冤魂的腐肉残骨，听见他们的呼号咒骂，并且可以嗅着那地狱中霉臭恶毒的气味。我们不信地狱和上帝吗？这样的地狱，怎能教我们不怕？我们还敢不信上帝和天堂吗？便可以证明这首诗的文学价值了。但丁自己说，要用艺术来引导人类到天国去，他真能达到这个目的了。不但如此，这首诗的成功，也是意大利方言的成功。但丁以前，也有用意大利方言写诗的，但是第一等的作品很少，第一等的长诗更是没有。但丁凭着他文艺的天才和纯挚的情感，把那块方言的生铁炼成柔美的钢，使后来的人见了，不但可以得着用处，并且可以学着些制钢的方法。

但丁不单是个诗人，只因他生平重要的成绩是诗，我们就不甚注意他的别的成绩了。他也是个学者，对于希腊罗马的古学，都有很深的研究。他的思想学说，也是那个时代的思想学说的结晶。第一，他的宇宙观完全是中古的，他的《神曲》的基础，是具有定形的天堂与地狱。第二，他的政治哲学是中古政治情形的回光返照，因为他理想中的世界是单元的，是奉一尊的；因为他说过唯有统一才能产生和平(近人玛志尼的政治哲学纯从这个理想胎化出来)。但是在这个思想中，也含着近世政治哲学的种子；因为但丁曾主张，他理想中统一之主——罗马皇帝——该是独立的，该是和中古的唯一主人——教皇——立于同等地位的。

说到但丁对于文化的贡献，就不能不提及他和文艺复兴的关系了。我在前面已经说过，但丁是中古文化的儿子，也是近古文化的一个祖宗。现在我们可以指出他对于文艺复兴的几样重要的贡献。第一是他的研究古学。研究古学是文艺复兴的一件大事，这是人人知道的。但丁不但能会通中古所有的学问，并且能吸收希腊罗马的古文明。第二是前面所说的个人主义。个人主义之于文艺复兴，好像酵之于酒，是一种重要的原素，必不可少的原素。我们可以说，但丁是文艺复兴的发酵者。第三是他的运用意大利方言。方言成为文学，也是文艺复兴中一件大事。意大利因为与罗马的关系，拉丁文的势力最大，方言的发达最迟。但丁却是第一个运用方言而得到胜利的——他把一种生硬的方言化为美丽的文学。

(一)过渡时代的人物，一半属于过去，一半属于未来，思想上往往有自相矛盾的地方。这一点是所谓历史的眼光，对于了解人物极有帮助。

(二)欧洲的文艺复兴是怎么一回事？能约略说出吗？

同情/斯人

我骑在驴背上做着同情驴子的好梦。赶驴的在后面挥着鞭子。

鞭子的唿哨很响，好像要把那尘土飞扬的空间撕碎似的。

鞭子每响一下，驴子全身耸一耸，得得的跑起来，把我颠得冲来撞去。可是，没有多久它就稳住了，竖起耳朵等着第二下。这个时候它一脚是一脚慢慢的踱着。

驴耳朵特别长大，生在那么小的一个头上，就像两面旗似的。弯起来的耳壳，直的耳尖，圆的耳根，完全像个听音器。据说，这对大耳朵是为了鞭子生的，为的好听鞭子的唿哨。不是吗，驴耳朵总是朝后面竖的？

“胡嘘!”赶驴的叫着，打了个清脆的“拍!”可没有着在驴子身上。其实；赶驴的不愿意打驴子，他疼它。刚才我上驴子的时候伸手去接鞭子，赶驴的没有让我拿，把手缩回去：“先生，让我替你赶着。”他怕我落鞭重了。

赶驴的跟我诉说他的苦处。他一家大小五口。赶一天驴刚够一家人吃的，并且塞饱驴的肚子。可是，他在担心呀。要是哪天驴子出了毛病，那怎么办呀，往哪里找钱来买一匹新的呢？驴又不跟单轮车，锄头，钉耙似的可以修修补补的。

我同情赶驴的，打算到了多给他几个钱喝茶，可是，我并不乐意他说的那些话。他显得很自私。他舍不得打，不是疼驴子，只是疼他自己的生活。他愿望驴永远好好的，平平安安的。这才能永远替他赚钱，永远做他的奴隶。“唉!奴隶。”我拍拍驴颈子，粗硬的，毛底下有点潮气。已经出汗了。

我记起有一回跟几个人谈到驴子。“哈，驴子吗？”有一个打趣的笑起来，“骑驴什么都好，可千万别染上驴子脾气。这个畜牲呀，你抽它一鞭，只肯跑三步，屁股耸着，得得得，好，完了，就只三步，一鞭的代价就只三步。”我说：“你要它跟马一样，挨上两鞭子就卖命吗？多跑点路，跟多挨几鞭，在驴子说来，有什么差别？”我把头伸过去，眼睛盯住他的鼻梁，“有什么差别？”

忽然驴的前腿拐了一下，差一点儿跪下去。我往前侧了一下，赶忙挺直身子，扣住缰绳，“吓，转筋了。”我说。赶驴的也许为的丢了面子，也许为的得罪了顾客，提起鞭子，“死东西!”这一下着在驴子凸出的尻骨上。驴跳起来，得得得得的跑。我伸手去摸摸，皮毛上热呼呼的。

我就跟赶驴的说：“你别赶了。天快黑了，反正是末趟生意。我只要老阳落山以前赶到就成，不必着忙。”

鞭子的唿哨一停，就显得非常寂静。驴低了头，一步一步跨着，像在计算它到底走了多少步。我不需要计算什么，我相着驴子。

驴太小了，小得叫人们看着，不只觉得它可怜，还觉得骑在它背上的人也可怜。驴太瘦了，瘦得叫人们看着，不只觉得它可怜，还觉得骑在它背上的人也可怜。我老记着一幅讽刺画，画一匹小驴子，跟我骑的一模一样的驴子，背上堆了几个大酒缸，一个叠一个，像山一样。可是，画上的驴子还眯着眼睛在笑。我同情驴子，同情这个笑。

我想得太多，思想装满了我的脑袋，我觉得头重，要瞌睡了。我的身子软瘫在驴背上。“啊，先生，你好重。”忽然驴子哼起来了。声音很粗，刚好配合它满嘴的大牙齿。“是吗？”我吃一惊。“像山一样。”它用上了我的比喻。“不，我一直是很轻很轻的，这几天我才磅过，只有九十九磅，不满一百。”我认为驴子夸大了，它应该知道我是同情它的，一直顾念着它。

我挺了挺背，脚踏住镫子踮起来，身子临空了些。我很满意，凑近驴子耳朵，轻轻的说：“现在怎么样？好些了吧？”

“多谢你了，先生。”驴子说。

我等驴子再说下去。可是驴子就此不作声了，埋倒头看着灰色的路。这未免太冷淡了，对一个同情者是不应该冷淡的。冷淡会在我跟它中间筑起一道墙。于是我努力打破这种冷淡。

“喂，日子过得好吗？”这句话实在没有一点意思。驴的日子怎么会过得不错呢？不用它说，我也知道它有许多苦衷：吃不饱啦，工作苦啦，主人打啦，还有别的什么的。并且我也早就同情它了。我说这句话，只不过想开个端而已。就算它来一大堆牢骚吧，我们也接近了。

“做一天和尚撞一天钟罢了。”驴子倒像牢骚早已发够了似的。“辛苦吗？”我说。“唉，你先生真重。”驴说。完了，在这个话题下面我们再也谈不好。我并不觉得自己很重，自然不愿意拿不合事实的话去迎合它。

我就挺不高兴的坐着，一声不作，让驴子一步一步朝前走。驴却还不住地哼着：“好重，好重……”有一阵，我真想用手蒙住它的嘴巴。可是它的嘴巴有那么大，一只手是蒙不过来的。

老天呀!幸亏一只手蒙不过来，不然我就做了一件非常错误的事情了。随后我才想到即使背上骑个三岁小娃儿，驴也要说重的。我总比那些胖子，那些在驴背上堆好几个大酒缸的好多了。

“厌倦了吧？”于是我体贴的说。

驴摆摆耳朵，表示不懂，它粗声粗气的说：“什么？”

我跳起来。

“厌倦了，就是说，这个日子过得不要过了，就是说，不想再过这种日子了，就是……”唉，这是只不懂事的驴子。

“好死不如恶活。”驴子好像很会用成语。

“活着做什么呢？做人家的奴隶，帮人家赚钱，让人家打。”

驴子没有说什么。

于是我沉浸在深深的同情里。

老阳快下去了，路上没有别的行人。赶驴的踢踢蹋蹋的跟在后面。乌鸦飞过头上“哇!”的叫一声，停到树枝上，又“哇，哇，哇!”的一阵乱叫。也许因为在这种时候，最有可能发生不可能的事情，我听见驴子说：“告诉先生你一个秘密。”

“一个秘密？”我把鼻息都屏住了。

“有一天世道会不同的。”它俨然说。

“喔!”我差一点要笑出来。不过这个想法实在是好的。对于受苦难的东西，这实在是一种安慰，一种秘密的安慰。我同情的重覆了一遍：“世道会不同的。”

“那时候世道翻了身，该是我们驴子的世界了。”

可是我想，到那时候驴子不要我来同情了。

“谁打了我们，我们也要打他了。”

呀，这头驴子越想越远了。我说：“你的意思是说要报复一下。”

“你想，我们吃了多少代的苦了!”它的声音有点哽咽，我看它是动了真感情。

“你太兴奋了。”我说。

“上个月我妈妈给宰掉了。”

“是吗？”这可说到悲惨的题目上来了。

“皮还留在那里。”

“别去想它。也别去看它，死了的总是死了。”

“她是载人跑来跑去折磨成病的。”

“是驴子，都一样。”我叹了口气。

“哪天翻了身，那些骑我们的也该让我们骑了。”

“驴子骑人，那不成样子的。”

“我们要骑!”它本来是匹小毛驴，说了这句话，突然高起来了，我看着地面离我渐渐远了，树梢离我渐渐近了。我两条腿夹不住驴子背了。它回过头来。

“骑了我十里路的，我骑他跑十里，骑了我五里路的，我骑他跑五里。”

“胡说!”我大声喝着，猛的抬起头来。

老阳早就下去了，没有月亮，没有星，路黑得很。我跟赶驴的说：“赶一赶吧。”“拍!”赶驴的打个唿哨，我用手在驴屁股上一拍，驴得得的跑起来。没有跑几步又迟缓了。“唉，这畜性!”

(一)这是一篇讽刺性的文字。哪些地方见出它的讽刺性?

(二)什么叫做讽刺?读过了这一篇能说出来吗?

(三)这一篇的主旨，文中用一句话点明。是哪一句?

《好望号》改译本序 /袁俊

《好望号》是一个海的故事。

海曾经使古今多少作家的名字永垂不朽。我们决不会忘了杰克·伦敦，约瑟夫·康拉德和彼衷·绿蒂。在戏剧中，我们也有约翰·沁孤和友金·欧尼尔。从这些人的篇章中，我们领略到海的伟大，它的美，它的险，它的神秘，它的诱惑，它的无常和它的永恒。但是赫尔曼·海哲曼斯的《好望号》只是一个平凡的海的故事。他写的是一群苦做的渔夫和他们的苦做的妻女。这一群贫苦然而高傲的善良的灵魂，像荷兰油画的深厚色调所画的，给了读者一个不可磨灭的印象，一个对人生更深切的了解。

海哲曼斯于一八六四年十二月三日生于荷兰罗透丹姆一个犹太人家。他的写作生活开始于一八九二年，正是自然主义风靡全欧的时候，先在一家报馆里当一名新闻记者，不久即开始编剧。他的第一本剧本是失败的。想着外国剧本在荷兰较受欢迎，他的第二本剧本Ahasuems便假托说是翻译的一个叫作伊凡·哲拉苛维支的俄国人的作品。这戏果然获得成功，但并不是因为外国人写的，而是因为这个剧本是“用眼泪写的”，“不是写的而是生活的”。此后他又写了《犹太区》(1898)，《机器》(1899)，《第七诫》(1899)，《好望号》(1900)，《夏娃·彭柔》(1916)，《纵火案》(1922)和《日出》(1922)等剧本。他也写过长篇和短篇的小说；但是他以戏剧知名于世，最大的声誉便从这本海的故事《好望号》得来。这剧写成后，在荷兰演出不下千次。当Eva La Galienne(美国女演员，导演兼演出者)于一九二七年十月在纽约演出此剧时，某剧评家说："除了一点地方色彩之外，一点看不出这戏有了二十七岁的年纪。"现在这个中译本出世，距离原本写成已经四十余年了，我以为还是看不出它有了将近半个世纪的年纪。这本戏是不朽的。

至于这本戏在荷兰所享的盛名和所发生的影响，只要举一事作例便知。在《好望号》问世后九年，荷兰政府修订的船舶条例把这戏中所写到的一切不平和积弊一扫而空。这恐怕是古今中外所有的剧作者不曾享受过的荣誉吧。一九二四年海哲曼斯逝世的时候，他的遗寡和两个孩子处境非常窘困，因为他的作品尽管受人欢迎，却得不到金钱的酬报。于是身受其赐的荷兰海员们为了报恩，纷纷捐款给他的家属作赡养费。他的灵榇经过街道时，两旁挤满了向他致敬的他的观众。一个剧作家还该更希望别的吗?

但是，如果我们把海哲曼斯当作一个宣传家，那就大错特错了。固然，他曾影响了荷兰的政治制度，但是他的工具不是雄辩，而是艺术，并且他的艺术是直接由人生中跃出的。他是个问题剧作家，但是他喜爱人生更甚于问题。我们在《好望号》写出后四十余年的今日，依旧能欣赏这本剧本，正因为它亲切，它真实；故事的每一枝节，对话的每一行每一句，性格描绘的每一笔触，以及那天天听到渔船失事的渔村的整个风景，无处不透露着亲切和真实。尤其在性格的创造上，海哲曼斯充分显出他的伟大。读过这剧本或看过演出的人，永远不会忘了这里面的人物，不会忘了这群衰老的年轻的渔夫，他们留在家里的妻女，以及他们的愁虑和灾难，他们的粗野的笑话和深切的怨恨。他们哭，他们笑，他们在残酷的命运的压迫之下倔强地生活下去。虽然有的驯良地忍受着，像李奶奶；有的不让任何痛苦掩没了笑，像珠儿；有的充满了骄傲，像"下海的骑士"似地昂着头踏上破漏的船，像李万全；但他们一样地不屈服，一样地要坚持到上帝取回他赋与的日子为止。纽约有一个剧评家说："两个年轻渔手的饱经忧患的母亲的破屋中，退休了的老渔手在这里喝酒唱曲子开心，年轻的人在这里做未来的梦，四邻的渔家妇女听着风声怒号，低声诉说海从她们怀中夺去的温暖。"又说："这些谈话有时是粗蠢的笑谑，有时是得意的诗篇，有时又是对运数——那压迫着他们的朝不保夕的生命的运数——的愤恨。"海哲曼斯笔下写这些人时，心中充满了了解与同情。《好望号》中无处不跳动着生命的白热的火焰。

因为《好望号》是从活生生的人生中出发的，海哲曼斯不需要卖弄什么舞台技巧来吸引观众。粗看起来，似乎他忽视了跌宕、高潮、伏线那些写戏的惯用的把戏，仔细分析起来，却无处不是精心结撰的；不过他放弃了那些紧张与刺激的矫揉造作的场面，用更深沉更人生的自然起伏来代替了。试看第四幕船失事的消息传出后一群孤寡陆续上场那几段的处理，是何等纯熟的技巧!当白发苍苍的李奶奶终于摇摇晃晃地站在包老板的门口时，没有一个观者不热泪盈眶地向她伸出同情的手的。就以细节来说，试看第一幕中包淑贞说要给安平画一张背柴的像，此事又在通知船失事的电话之前，由夏奶奶口中再度提到，以唤醒观者。无往不是技巧，但是无一技巧不以高超的手法掩藏着；通篇无一句拖沓不着劲的对话，但是无一句显出斧凿的痕迹或吃力之处。这正是艺术的最高成就，因为艺术绝非技术的展览；这正是自然主义登峰造极的作品，因为自然主义绝非散漫琐碎的人生写真。

海哲曼斯是个问题剧作家，但是他不像有些人那样，造出一些木偶式的角色来发挥自己的意见。海哲曼斯是个自然主义的作家，但是他不像一般自然主义作家那样，对他的人物保持一段距离——他拥抱着他创造的那些人物。这大约就是海哲曼斯之所以不朽。

我初读《好望号》远在十五年前，那时我在清华读书。我深深地被这个平凡的悲剧所感动，好几次想把它译出，但以无力传达原文那种质朴的美，未敢动笔。五年前在美国纽约州Creen Mansion暑期剧院工作，和罗卜·高东合排此剧，获得很好的成绩。民国二十九年在江安国立剧专任教，因为想找一本戏的分量比较平均的着重性格表演的剧本作为训练材料，便在短期内赶译出来。原想直译，后来因为服装的问题和缩短学生与这些角色中间的距离，便大胆地把荷兰的故事勉强搬到中国东海之滨来了。不过除了姓名以及些少枝节外，大体都照原文直译。希望我这种妄举不致毁损了原剧的优美。

(一)作序的要旨，无非使读者增进对于书籍的了解。这篇序文谈到的是哪几点？那几点为什么足以使读者增进对于《好望号》的了解？

(二)从活生生的人生中出发的才是真艺术。不但戏剧如此，其他部门的艺术都一样。

复活/托尔斯泰 著 夏衍 改编

西伯利亚的一个荒凉的驿站。

风雪。

囚徒小舍的一角，围着短栅。入口处站着一个卫兵。枯树积雪。远远的教堂，旷漠的原野，点缀着一些疏落的白桦林。清晨。

马车的铃声，隔壁刑事犯室的喧嚣声。

一群叫卖的妇人和孩子从短栅外面探出头来，大声呼唤。

声 买鱼呀，五个哥必克。

声 鸡子儿，鸡子儿，牛奶……

声 面包，面包……

一个囚犯 三个哥必克，行吗?

声 没有虚价……

军官声 卖东西的，站开，站开，(皮鞭声)这小子!

嘈杂声渐远。

阴暗的囚室中，犯人们用枯柴生火，围坐着。一个哲学家气质的老犯人眼镜架在鼻尖上，热心的在看书。杜赫娃在添枯柴。面色苍白的年轻囚犯阿纳德利·克里淑夫躺在一堆枯草上喘气，不断的咳嗽。秀美温柔的玛丽·巴甫洛维娜端了一碗热水，在伺候他。西蒙生在整理他的背囊，把几本打湿了的小书爱惜的拿出来，翻了一下，交给杜赫娃。

西 维拉，对不起，烘一烘。

卡丘莎头上包了一块手巾，卷起了袖子在扫地，到老犯人前面的时候：

卡 格雷哥里伯伯让一让。(老犯听若无闻)

西 卡佳，昨天替我洗的衬衫干了没有？

卡 天气这样坏，怎么会干啊。

维 (对西蒙生)符拉地米尔，觉得冷吗？

西 生了火，就好得多了，(望望天)瞧样子，下午又该下大雪了。

卡 还说下午!不是已经在飘雪花儿了？

阿纳德利 (挣起自身，觉得战栗)哦，冷得很。

玛 您躺着呀，起来干什么？

阿 有个问题要问问格雷哥里。

玛 咳，急什么呀，你在发烧……

阿 (躺下去)我真想不通，民权主义者都是些好人，为什么他们会干出这样的事来？(咳嗽)

玛 得了，得了，这问题明天要西蒙生给你解答。

格雷哥里 什么问题？(放下书，开始捉虱子)

玛 (对他做眼色)没有什么……格雷哥里，在找什么？

格 找什么，还不是找我的情人!(干笑)

维 情人？怎么的？

格 虱子是犯人最忠实的情人，随你怎样讨厌他，他老是跟着你。

众人笑。

卡 (扫完了地，走到火边，烘烘手)真是好冷。

西 (凝视着她)卡佳，来烤火吧。

卡 不，事情多得很，也许这会儿就要出发，得收拾一下。

格 明天是复活节，要在家里，多好啊，维拉。

西 复活节，跟我们有什么关系？谁复活了？我们复活了没有？

阿纳德利辗转不安。

玛 (忧郁的)瞧样子很厉害，他怎么能走啊！

维 要是(望着要下场的卡丘莎)你的公爵爷在这儿就好了，要他想法子说说情让他跟玛丽留下来。

卡 (低声的)知道他在哪儿呀。一路上来，我只碰到过他两次。

(下)

格 (对维)您方才说的话有语病，“你的公爵爷”这句话要修改了，“她的公爵爷”，那么“她的西蒙生”怎么办？(干笑)

玛 (惨淡的脸上掠过一丝笑容)符拉地米尔，怎么样？你们的事大家都知道了，卡佳跟你讲话也老是脸红。

维 对了，(对西蒙生)傻孩子居然也会恋爱，见了卡佳，你就像个小孩子，坐也坐不稳，说话好像老是讲给她听，对吗？

西 (低头弄柴火)对，我很——(停了一下)我很敬重她，我觉得她的品性是从苦痛里锻炼出来的……我只想帮助她，使她能够有一份应该有的幸福。(低头)

格 幸福，远得很呐。远迢迢的西伯利亚，幸福在哪儿呀！

(又看书了)

西 (抬起头来)幸福在每个人的心里，只要……

阿 (突然)喂，(指着墙壁上的字)这上面有字，玛丽，你念，写的是什么？

玛 (一面制止他)你别起来，我念，(看墙上模糊的字迹)“一千八百七十八年九月十七日，革命党人一行被押过此。涅威洛夫与余同行，至喀山被缢死。余身心健康如常，同志们可请勿念，努力，奋斗!”

西 谁写的？

玛 F.佩特林。

阿 啊，佩特林走的也是这条路吗？(对玛)玛丽，你看，我们一点也不孤单，这条路上已经走过多少的革命家，已经流过多少的血，他们不已经把路子指点得明白了吗？

(猛烈的咳嗽)

玛 (抚慰他)对，我们一点也不孤单，跟佩特林比较起来，我们这一辈子已经很幸福了。

维 但是，路还远得很呐。(有点怆然)

西 (走到阿纳德利身边)所以呀，阿纳德利，为了要走完这条路，就得把身子弄好！

阿 (流泪)我，已经不行了，可是(决然)假如人可以有两次生命，那我一定要走完这条路的。(咳嗽)无言。

栅外人声。西蒙生，维拉，玛丽走到门边去看。

一个声音 从汤姆斯克一路来，全没上过手。

另一个声音 那是小孩子，不是小狗！

声 咳，受罪，小孩子有什么用呀！

声 简直是无法无天……

玛 (回头问)那是谁？

维 一个刑事犯，老婆在路上死了，他就带着那个孩子……

声 谁说无法无天！

皮鞭声。

声 你想造反？我告诉你，这就是法，这就是天！

人们渐渐挤到门口来了。

西 (挤到门口)简直混蛋！(握紧了拳头)

卡丘莎抱着一个两岁的小孩子进来。

卡 (对外面)对不起，让我代他抱吧……(对维拉笑着)一个犯人的孩子……

玛 (迎上去)呀，卡佳……

大家让开一条路，一个军官傲然进来，后面一个兵押着一个满面流血的囚犯，两只手已经铸住了。

囚 让我抱她……我只有这一个女儿……

军 (回头斥止)闭嘴!(对卡)你是谁?

卡 马斯洛华。

军 政治犯吗?

卡 (摇头)是特准跟他们一起走的。(求告)我求您，让我代他带……

军 代他带，逃走了谁负责?

卡 在人的手臂里，一个小孩儿怎么能逃走啊?

外面人声 让她带吧!

军 (轻薄的看了卡丘莎一眼)也好，你负责。(回头对兵)把他带走!

玛 慢，等一等，(从怀里取出手帕来，替囚犯揩去了脸上的血)我给他敷点药。

军 敷药?谁说的?走!(兵带了囚徒走)

卡 (追上一步)您放心，我带她……

小孩 爸爸，爸爸……

卡 别哭，给你糖，牛奶……(亲她)

军 (对大家一瞥，正欲走，看见西蒙生怒目而视，站住，走近他一步)干吗?你——

西 (严肃)告诉你，方才你的行为很不对。

军 你说什么?

西 跟你说，你方才的行为很不对。

军 (对西上上下下打量了一下)你叫什么?

西 符拉地米尔·西蒙生。

军　哼，是你。不错，你狠!早听人说，你是小领袖，打算造反!是吗？记住，总有一天给你知道厉害!(悻悻而下)

(一)这本戏剧是根据托尔斯泰的小说《复活》改编的，共六幕，这里选的是第六幕。剧中卡丘莎是公爵特米德里家的婢女，与特米德里发生过关系，后来被弃，堕落而至于犯罪，就跟着一批政治犯一同流放到西伯利亚。她经历了种种苦难，品性转变了，为同行的人所敬佩。特米德里知道了她的事，非常悔恨，就一路跟着囚徒走，意思是与她同受苦难，也想与她结婚。

(二)西蒙生说“她的品性是从苦痛里锻炼出来的”，在代带孩子这件事情上，就把这句话具体的表现了——处在苦难的环境里，自然会发生那种博大的爱。

复 活(续)/托尔斯泰 著 夏衍 改编

大家回来，玛丽和卡丘莎哄着小孩。

卡 (对玛丽，天真的)怪可爱的，瞧，那张小嘴巴。

玛 (一边拿东西给小孩吃)可怜啊，小孩也受罪。

卡 可不是，要是送到育婴所去，准会饿死的。

维 卡佳，你是个好人。

卡 这不是该做的事吗？算得什么？

维 懂得什么事该做，懂得帮助旁人是一种快乐，这就好啊。要是特米德里知道了，一定是高兴的。

卡 (看了维拉一眼，低头不语)

维 (接过小孩)给我，来，给她一点衣服。(抱到里面去了)

玛 卡佳，公爵真的打算这样永远的跟着你吗？

卡 (沉吟了一下)他是这么说。

玛 那么，他真的决心要跟你结婚？

西蒙生望着玛丽。

卡 (低声)我想，是吧。

玛 那么，对于符拉地米尔的问题，又怎么办呐？

卡 (望西蒙生看了一眼，红了脸)我没有打算怎么办，可是，我是打算跟着大家一伙儿走的。

玛 (吃惊)跟我们走，当真？(故意逗她)跟我们走有什么好处啊？

卡 (笑)好处，多得很呐，跟你们在一起，我懂得了很多的事情。起先怕你们，现在不怕了，你们全是好人。譬如玛丽你吧，起先有点讨厌我，不，看不起我，对吗？可是后来知道了我的过去，你就姊姊一样的疼我了。

玛 (愉快的)唷，没有的事，我不是跟你很好吗？

卡 以前在班子里在牢里的时候，我以为世界上全是坏人。男人拿女人当玩具。女人呐，像我的舅母，班子里的那些老板娘，全是阴险，自私，拿女人当商品……

西 (点头称是，对玛丽)你听，她讲得不错……

卡 可是现在，我知道世界上还有这么多的好人……我的心好像突然的轻松起来。

格 (阖上书，拿起眼镜，教训的口吻)好人，对了，卡佳。美国有一位哲学家梭罗说过：“做好人，做公正的人，不要花什么代价，承认别人的美德，也就是使自己丰富。”

卡 (站起来，有点感慨)说起来很奇怪。记得在法庭上判决的时候，我哭得要命。可是现在，我倒感谢那位法官了，要不是他把我判罪，有许多事情一辈子也不会懂呀。

格 单单懂了有什么用!卡佳，你不懂的事多得很呐。

卡 (笑着)教我做吧，格雷哥里伯伯!

外面警笛声。

声 准备集合!

声 喂，收拾行李，要出发了!人声嘈杂。

声 还有半小时收拾，要买东西赶快!

玛 怎么办？阿纳德利怎么能走啊……

维 (抱小孩出来)跟解官商量，让他留下。

阿 不，我要跟大家走，死也要走……

玛 (温婉的)阿纳德利，你怎受得了车子的颠簸啊？

阿 不怕，我可以起来，(挣扎起来了)死在你们身边比一个人留在这儿好得多，我可以走……

玛 不，阿纳德利……

维 卡佳，你来一下，把大家的行李整理一下。(卡丘莎与维拉下)

玛丽扶了阿纳德利起来，走向后面去，阿纳德利咳嗽。

西蒙生赶快把衣服用具塞入背囊。格雷哥里把很厚的几本书塞入包裹，系在肩上，依旧危坐不动。

邻室歌声苍凉。

歌声 “茫茫的西伯利亚是俄罗斯受难者的坟，多少英勇的战士被消灭在这万里的途程!

刺刀是那样的无情，鞭子又抽得紧，每个人的身上是一片血痕与泪痕!”

马靴声，皮鞭声，人声嘈杂……

西蒙生站起来，正要往里面去，卡丘莎提了一包行李黯然的出来，放下行李，脸上显露痛苦的表情。

西 卡佳，怎么的？东西整理好了？

卡 这声音使我难受。

西 这畜生，又在打人!

卡 (点头)听着这种声音，我心都碎了。

格 这种声音？唔，卡佳，别难受。(说教)痛苦使人思索，当你将别人的痛苦当作自己的痛苦的时候，你的灵魂已经被这种痛苦的声音所唤醒了。

卡 嗯！(点头)

玛丽的哭声。

维拉奔出来，拿了一点水跑回去。

维 阿纳德利吐了一口血!(下)

卡 去看看，(忧急)真的，要是特米德里在，他可以……(与西蒙生同下)

后面的人声渐止。卫兵立正行礼。军官陪了特米德里登场，边谈边走。

涅 她就在这儿吗?

军 是，(继续讲他方才的话)这地方固然荒凉，倒很有点诗意。

涅 (望着室内)唔，荒凉的诗意。

军 对了，对了。可是，公爵，老实说，我实在讨厌西伯利亚。这儿没有一个上等社会，全是囚犯，蠢猪。(格雷哥里端坐不动，看了一眼)大家总以为当军人的是粗人，可是军人也有很文雅的，懂得什么叫做美，什么叫做艺术。哈哈，公爵，您所关照的那个女犯人很不错。

涅 她没有罪，她是很冤枉的。

军 (没有理会他)讲女人吧，那么喀山很不坏。要是您到喀山的时候，我可以给您介绍，有一个罗马尼亚女人，简直漂亮得像一个公主。哈哈……

卡 (奔出来，看见了特米德里，掩不住惊喜之色)啊，是你!

涅 (欣然趋前握手)你好吗?(望着她的脸)卡丘莎，你辛苦了。

卡 不，我很好，跟大家在一起，身体比什么时候都好……

涅 是吗?那好极了。

卡 啊，特米德里，拜托你一件事……(望着军官)有一个叫阿纳德利·克里淑夫的年青人，害了病，吐血，不能走……

涅 啊，那得让他留下来……

卡 (性急的)还有呢，一个人留下来没有用啊，还得让玛丽照料他，玛丽·巴甫洛维娜，你见过的……对了，巴甫洛夫将军的小姐。(对军官)我看，请你特别帮个忙，让他们两个……

军　(歪着头)这可有点麻烦。公爵，您知道，办这一类的公事……

涅　我负责，你跟他们同走，好吗?

玛丽声　阿纳德利，阿纳德利……

卡丘莎奔入。

军　可是……

涅　(懂得了他的意思)没有问题，军爷，我知道你的困难，我懂得这儿的规矩。

军　(笑了笑)那就这么办。

后面隐约的哭声，涅耸耳听。

西蒙生茫然从里面出来。

涅　啊!(迎上去)符拉地米尔，你好吗?(握手)

西　(没有话，低头)

涅　(有点不懂)对了，符拉地米尔，阿纳德利和玛丽已经准许留下来了，让他们跟我同走……

西　(忍不住，声音变了)准许?阿纳德利已经不需要准许了，他，死了!

涅　(吃惊)什么，死了?(黯然)可惜，这么一个有为的青年!

军　(若无其事)咳，公爵，多得很呐，病死的，一天总有这么三个四个……(外面警笛声)对不起，我还得去巡视一下。这批坏蛋，不用皮鞭，什么时候也不打算走的。吓，吓……(下)

(一)格雷哥里说的“将别人的痛苦当作自己的痛苦”，就是一切人会发生博大的爱的原由。

(二)先是《茫茫的西伯利亚》的歌声，接着是特米德里向军官说了情，阿纳德利和玛丽准许留下来，接着就是西蒙生跑出来，说明阿纳德利已经死了：剧情紧凑，使人印象很深。

复 活(续) /托尔斯泰 著 夏衍 改编

涅 (坐下来，看见了格雷哥里)啊，老先生，近来好吗?

格 (岸然不动)好。公爵，你这次旅行很舒服吧?

涅 (知道他是讽刺，不以为意)是的，有许多事情都很有趣。

格 为什么不常到这儿来呀?

涅 守望严得很，老是不让我来，今天解官温和一点。

格 (目光锐利)温和吗?去问卡佳，他今天已经做了很多温和的事了。

涅 (憬然)哦，我讲错了，我没有意识到他把我当作一个公爵。符拉地米尔，别太多心，我们去看看，也许卡丘莎还有什么事……

西 唔，对了，公爵，我想跟您讲几句话。

涅 好得很，你讲吧。

西 我想告诉您一件事情……(看了一眼格雷哥里)

涅 这儿谈方便吗?

西 没有关系。我想告诉您——我跟马斯洛华的关系。

涅 (微微吃惊)你的意思——

西 我很爱她，我打算跟她结婚。

涅 (低声)唔。

西 我已经打定了主意。照规矩，这儿是可以结婚的，我的徒刑还有四年，我相信可以使她幸福。

格 (嘴里喃喃的)幸福，幸福……又是幸福……(走向后面去了)

涅 这，这不该跟我说，这是她自己的事情。

西 可是，我知道她一定不会回答我，要是不得到您的同意。

涅 为什么？

西 她跟您的关系不决定，她就不会回答我的问题。

涅 我？我跟她的关系(有点伤感)是早经决定了。我是在对她赎罪，对大家赎罪，我只想使她能够幸福，什么事情都可以做……

西 (点头）我懂得你的意思。可是，卡佳不想您为她牺牲……知道了您跟我们走，她很痛苦……

涅 这，这跟她没有相干，我求的是良心安适。符拉地米尔，你跟她自己讲过吗？

西 没有，但是……

涅 (决然)那你跟她自己讲吧。

西 多谢您。但是，我必须向您告白：我向她求婚，并不是迷恋她的容貌，我是因为她经过了这么多的磨折，她还保持着一个美丽的灵魂，我想帮助她，使她少一点苦痛，多一点温暖。

涅 (感动)我知道了她能够得到这么一个保护者，我很高兴。

西 (感动的和他握手)谢谢您。公爵，您的努力已经得到了报酬，卡佳已经渐渐地变了……

涅 是，我一见她就知道，这还是你跟玛丽教育她的功劳。

西 不，这还是您的行为使她受了感动。公爵，我还有点害怕，怕我不能改好她，使她幸福……(声音有点颤动)不过，我一定要尽最大的力量。(擦了擦眼睛)对不起，我已经有十年不流眼泪了。

涅 你可以去跟她说，告诉她我讲的话，我等着你的回话。

西蒙生进去。

涅 (带着一种混淆的感情，踱着，低声自语)不愿意我为她牺牲了什么呀？(苦思)她，她会怎么回答他……哦，我还有我的工作……世界上有多少好人，多少受难的人，需要帮助。(冥想被军官的闯入打断，军官带了一个乡人进来)

军 公爵，一个农民带了一封信来，说要请您亲自开封。

乡人 是的，公爵爷，上面盖着漆印……

涅 (拆信看，眉宇间渐露喜色)啊，好得很，卡丘莎……

军 什么事，公爵？

涅 这是皇帝的命令。“奉皇帝陛下直属请愿局局长指令，宣谕平民卡德林娜·马斯洛华如下：皇帝陛下根据所奏各件，对于马斯洛华之请愿，准以特殊恩宠撤除原判徒刑，许其移居离西伯利亚不远之地。”好极了，得立刻通知她，她可以不用走了。

军 恭喜公爵，您打算立刻把她保出来？

涅 是。可是，不，我还有点事情得听听她的意见，过一会我再来请你帮忙。

军 好。不过出发的时间已经到了，要留下来的话，要快。

(行礼，下)

涅 一定的。

后面犯人报名声，链铐声。

卡丘莎上，低着头，已经穿上了行装，包着头巾。

卡 您有话跟我讲吗？(用手扭着衣角)

涅 你已经得到皇帝的特赦，你可以……

卡 (并没有涅所期待的惊喜)喔。(依旧低着头)

涅 只要正式公文一到，你立刻可以出来了。你估量一下，住什么地方？

卡 (很快的)我没有什么估量呀!我打算跟他们走。

涅 (虽然感到意外，但仍沉着)真的？

卡 嗯，方才符拉地米尔跟我说，要跟我……(迟疑了一下，很快的改口)他要帮助我，一直……我还能想什么呢？他为着我好……

涅 (有点心跳)那么，你自己……你爱他吗？是的，他很不错，人也长得……

卡 (斜视他一眼)不，特米德里，请您饶恕我，我方才没有答应您……(低声)可是这有什么办法，您替我受罪，这对我是一种心上的负担，特米德里，您也得生活下去啊……

涅 我？我没有想到过自己。

卡 是的，我知道。可是您为什么要住在这儿吃苦？(无限柔情)您，苦也吃够了。(低声)

涅 我没有吃苦，那是为了我自己。要是可能的话，我还打算服侍你……

卡 我们(看了他一眼)什么都不要了，特米德里，您替我出的力已经太多了……(呜咽)

涅 但是，你千万不要这样讲，我不值得你感谢，卡丘莎，别记住我……

卡 嗯，(低头想了一想，鼓起勇气来对他)永远也不要忘记，说真话，做真事，上帝永远会记住我们的。(大粒的眼泪滴下来)

涅 (感动之极)卡丘莎，你真是个好人，你复活了，你像凤凰一般复活了！

声 出来，出来，出发了！

警笛声。

行装的囚犯们出来，西蒙生，格雷哥里，抱了孩子的维拉，玛丽跟在后，没有悲伤。

维 啊，特米德里公爷，您还一起走吗？

涅 是，这么打算。啊，玛丽·巴甫洛维娜，克里淑夫太可惜了……

玛 (替卡丘莎提起行囊)谢谢你，这样的事太多了，太多了。

维 卡佳，你抱她，我带你的行李……(但是当她去拿行李的时候，西蒙生早已将它背上了)

涅 谁的孩子?

维 一个刑事犯的，死了母亲，卡佳替他带了。

涅 喔

西 (伸出手来和他握手，终于抱住了他，接了一个吻)特米德里，再见……

涅 (望着他们两个)卡丘莎，我不说告别的话，让我再送你们一程。

卡 不用了，特米德里，您回去吧，保重身体。

涅 (无限惆恨)难道这是最后的分手吗?

卡 (带着微笑)特米德里，对不起，我很难受。

涅 那么，让我祝福你，祝福你们的幸福和奋斗!(两人热情地握手，卡丘莎又禁不住淌下泪来)不，卡丘莎，别再流泪了，再见!能够看到你刚强起来，我高兴极了。

卡 (排入队伍中)再见，特米德里……

涅 (向大家)再见，朋友们!大家向他告别。一群人带着链铐声音，又开始向下雪的原野前进了。礼拜堂发出钟声。

乡人 (画了十字)爵爷，回去吧，您也得歇歇了。

涅 (茫然朝着他们的背影)不，我不能休息，旧的事情完了，还有新的工作要做。

乡人 下大雪了，公爵。

涅 (凝望着)

行列中《茫茫的西伯利亚》的歌声可闻，由苍凉而转为雄壮。

——幕下

(一)特米德里本来要伴送卡丘莎一路前行，为什么终于与她分别了？

(二)卡丘莎品性转变得高尚，特米德里经过忏悔之后，自知“还有新的工作要做”，这就是书名《复活》的意义。

“为万世开太平”/曹 孚

这次日皇昭和在投降敕令中，曾有“为万代子孙开辟和平”一语，有一家报纸把它译为“为万世开太平”，“为万世开太平”一语出自宋儒张横渠。假使日皇用的是这句话，那是魔鬼引证《圣经》。

对目前的我国人诅咒战争，歌颂和平，是多余的事。这八年来，我们耳闻、目睹、身历的种种，使我们每个人知道了什么是战争，认识了战争是怎样一种面貌。战争的可怕，和平的必须争取，再没有比我们知道得清楚的了。我们自然不希望我们这辈子重见战争，我们自然愿望我们的子女不再遇见战争，我们也祝祷我们的万代子孙享和平之福。

和平，永久的和平，不仅是我国人民的祝祷，也是全世界人民的愿望。这愿望在旧金山联合国会议席上各国代表的言论中发出了声音。他们千言万语，总不脱如何根绝战争，如何永保和平。在许多名言谠论之中，我以为埃及代表的言论最足发人深省。他分析和平两字的中国字义说，和是和谐，平是公平。真正的和平，他指出，必须以和谐与公平为基础。在我们看来，作为和平的基础，公平比和谐更为重要。公平是因，和谐是果。能公平相处，然后会彼此和谐。

当意大利侵略阿比西尼亚之时，国际舆论倡言制裁。而为我们所敬仰的一位英国哲人罗素却反对英法诸大国干涉意大利的侵略。他以为阿比西尼亚遭殃是较小的祸害，若英法干涉引起世界大战，那是较大的祸害。两害相权取其轻，他主张牺牲弱小的阿比西尼亚。后来阿比西尼亚果然被牺牲了，罗素那避免世界战争的愿望却终成虚愿。而当张伯伦签订慕尼黑协定归来，聚集在唐宁街向张伯伦欢呼致敬的英国民众，也像罗素一样，最后失望于所谓“我们这一辈子的和平”。他们就在这一辈子遭遇了战争，因为他们想离开公平的原则而求致和平。

我们目前还不能预言，我们一辈子是否要再见一次战争，我们的子孙是否必须经历战争的浩劫。假使今后国与国相处，仍然不以公平为指导精神，那么，让我们提醒自己，从第一次大战到第二次大战，中间的距离仅有二十五年!

国与国之间需要和平，一国的内部更需要和平。一国内部的真正和平，寓于国内各阶级之间关系的和谐，而这和谐，像国际的和谐一样，也得以公平为基础。

远在几千年前，希腊哲人柏拉图就曾指出，同一社会中各阶级之间贫富过分不平，足以将同一国家的人民划分成两个敌对的国家；因而他在他的《共和国》中所描状的理想社会，乃是取消贫富差别的共产社会。

柏拉图所看到的不仅希腊一个时期的情形，而是中外古今一切社会的情形。就这意义看，真正的国内和平，在人类历史上，很少存在过。因为从过去到现在，社会各阶级之间很少有真正的和谐，而这不和谐种因于各阶级人民间生活的不公平，尤其是经济生活上的不公平。

从柏拉图开始，中外古今的哲人不谈社会改造则已，谈社会改造总不忽视这公平的原则。他们将公平的精神，或多或少地注入于他们的理想社会中。而近代史上的三大运动或思潮，民族主义，民主主义，社会主义，更明显地以公平为指导精神：民族主义着眼于民族间的公平，民主主义着眼于政治上的公平，社会主义着眼于经济上的公平。

说民主主义着眼于政治上的公平，那是对民主主义的狭义的看法。真正的民族主义即是民主原则在民族关系上的运用。欧洲的民族主义运动以被压迫民族对主宰民族争取解放独立的方式开始。在异族统治之下，决不能有民主的政治，建立民主政治必须以民族独立为前提。因此，欧美早期的民主主义运动者同时就是民族主义运动者。真诚的民主主义信徒一定拥护民族平等，民族自决等原则。至于后来民族主义演变成为弱肉强食的侵略主义，帝国主义，那是民族主义的堕落；堕落的另一方式是利用民族主义去阻碍乃至镇压民主主义。

民主主义的构成信条有三。第一是快乐，第二是平等，第三是自由。

快乐的概念是十七、十八世纪人类思想上伟大发现之一。在这以前，痛苦被认为人类命定的本分。幸福是禁果，追求快乐是非法的不道德的愿望。到了十七、十八世纪，人类开始相信，痛苦是应该避免而且可以避免的，快乐是应该追求而且可以求致的。功利主义伦理学派更以追求快乐为人生至高无上的目的。早期的民主主义者完全接受了这个观点。一七七六年的美国《独立宣言》郑重声明：生命，自由与快乐的追求，是人人所有的天赋人权。功利主义伦理学派以追求快乐为人生至高无上的目标，民主主义者以“最大多数的最大幸福”的实现为国家存在政府组成的最后理由。

关于快乐或幸福的考虑，关键不在快乐的绝对数量而在快乐的相对分配。民主主义者所以要争取快乐，当然不是为少数人锦上添花，而是为多数人雪中送炭。他们所要实现的不是少数人的最大幸福。快乐的追求不是少数人的天赋人权，而是人人所有的天赋人权。在这里就有公平的原则。

平等是最大的公平。早期民主主义者有人人生而平等的信念。从生理心理上考察，人人生而平等的信念不能成立。但民主主义所要求的平等，不是削趾适履的生活方式的机械的齐一，而是人人幸福快乐的追求上机会的平等。譬如教育机会。构成快乐的一个条件是教育机会。民主主义应该保证每个公民有平等的受教育机会；但它不保证各个公民都受同样的教育，并享受由教育中获得的同样的生活幸福。这些须受各人不同的心智、才能、兴趣的限制。

平等有许多种类，主要的是法律的平等，政治的平等，经济的平等，教育文化的平等。在上述诸项平等之中，经济的平等是最基本的，它是人生快乐的最后决定因素。其他种种平等，都以经济的平等为条件。教育机会对经济能力之依存关系是显然的；而对于贫穷的人侈谈法律地位、政治地位的平等，也显然是一种讽刺。过去欧美的民主主义假使有值得受人诟病的地方，那首先是它对经济上不平等的熟视无睹。但民主主义的救药就在于民主主义本身——更多的，更彻底的民主；那就是经济的民主。故而逻辑地发展起来，民主主义必然与社会主义合流。

自由是一个涵义最为笼统的名词。拉斯基教授在《现代国家中之自由》一书中，对自由下了这么一个定义：所谓自由，即是作为个人快乐幸福的必要保障的社会条件的不受拘束。一个工人不喜欢某种工作，可以自动脱离那种工作，这不能算自由。

脱离了那种工作，便有冻馁之忧；在这个情形下，选择工作的自由对他是没有意义的。他所缺乏的是虽然脱离某种工作而可找到其他更合意的工作，因而不致受冻馁的威胁的社会条件。拉斯基指出，自由的第一先决条件是安全，经济的安全。一个被剥夺了职业安全的人，必然会陷于肉体的及精神的奴隶状态。经济的安全不就是自由，但没有了经济的安全，就无所谓自由。他比较英美与苏联的工人，认为后者有较多的自由，因为他有较多的职业保障，经济安全。另一个先决条件是教育权利。我们生活在一个又广又复杂的世界上，如果我们的心智不受足以运用自由的充分训练，我们就没有真正的自由。一个被剥夺了知识的人，他说，必然会沦为比他更为幸运的人的奴隶。所以，受教育的权利是现代人自由的基本条件。最后，他阐明自由与平等的关系。他指出，自由与平等是同时并进的。在民主运动史上，人民争取自由，最初以压迫统治阶级放弃某些特权的方式出现。有特权存在的地方，即是有不自由存在的地方。反之，社会中平等进一步，自由也进一步。他在《思想之自由》一章内反复指陈，在有经济特权存在的国家中，不会有真正的思想自由。所以最大限度自由的实现，有待于一切社会特权的夷平。那就是，有待于公平原则在一切生活方面——经济、政治、文化教育——确立起来。

民主主义不仅是一种政治制度，而且是一种社会理想。在过去，民主主义给予世人以民选政府，代议政治；但它对于初期民主主义运动者所揭示的快乐、平等、自由三大理想，未能如数兑现。这因为民主得不够，在范围上不够充分，在程序上不够彻底。这一次，民主主义经过了一次最严厉的测验，今后的世界是民主主义的世界。世界各国的人民一定会朝着快乐、平等、自由三大目标迈步前进。等到我们有了一个真正平等真正自由的社会，我们也就有了一个人人快乐幸福的社会，我们也就有了一个理想的社会。

所谓太平，它的涵义与和平不尽相同。没有战争是和平，可是太平，除了没有战争，还含有其他东西。所谓太平盛世，除了不动刀兵之外，更应是一个人人快乐幸福的至治之世或大同之世；而所谓大同之世，也无非是至公至平之世，“天下为公”之世。

过去的人类对大同之世只能心向往之。他们或者把幻想寄托在乌有的过去，那就是我国的“尧舜之治”；或者把希望预约在渺茫的将来，那就是西方的“乌托邦”。目前的人类却已经跨上了大同之世的门槛。民主主义的道路即是导向真正公平，完全和谐的理想世界的道路。

“为天地立心，为生民立命，为往圣继绝学，为万世开太平。”这是我国先哲的最高抱负。而目前的我国人比起先哲来幸运多了，因为，万世的太平就可以在我们这一辈子身上开辟起来。假使我们用这种目光看民主主义，那么民主主义可以成为目前的我国人，尤其是青年人，寄托其热诚与想象的生活理想。

(一)据作者的意思，如果民主得充分而且彻底，民主主义也就包含了民族主义和社会主义。怎样才是民主得充分而且彻底？看他对于快乐、平等、自由的解释就可以明白。

(二)作者说，“过去的人类对大同之世只能心向往之”，“目前的人类却已经跨上了大同之世的门槛”。这是什么理由？